내 자아를 버려라

Originally published under the title of

WHO PUT JESUS ON THE CROSS?

Copyright ⓒ 1975 and 1996 by Zur Ltd.
Published by WingSpread Publishers,
a division of Zur Ltd.,
3825 Hartzdale Drive, Camp Hill, PA 17011, U.S.A.
Korean Translation Copyright ⓒ 2007 by Kyujang Publishing Company
All rights reserved.

본 저작물의 한국어판 저작권은 WingSpread Publishers사와
독점 계약한 규장이 소유합니다.
저작권법에 의하여 한국 내에서 보호를 받는 저작물이므로
무단 전재와 무단 복제를 금합니다.

A. W. 토저 마이티 시리즈(A. W. TOZER Mighty Series)

토저는 교인수의 성장을 위해서라면 대중의 인기에 야합하고, 거대 기업의 경영방식을 무차별 차용하고, 할리우드 엔터테인먼트 방식을 예배에 도입하는 것에 대해 통렬한 비판을 가하였다. 그는 현대의 교회가 물량적 성장을 위해서라면 교회의 순결성을 포기하는 듯한 자세를 보일 때는 그것을 좌시하지 않고 언제나 선지자의 음성을 발하였다. 듣든지 안 듣든지 이스라엘 교회의 세속화를 준엄히 책망했던 예레미야처럼, 토저도 시대에 아부하지 않고 하나님교회의 순정성(純正性)을 파수하기 위해 '강력한'(Mighty) 말씀을 선포했다. 그래서 토저는 '이 시대의 선지자'라는 평판을 들었다. 토저가 신앙의 개혁을 위해 외쳤던 뜨겁고 강력한 메시지를 이 시대의 우리도 들어야 한다. 말씀과 성령에 의한 개혁이 절실히 필요한 이때, 규장에서 토저의 강력한(Mighty) 메시지들을 'A. W. 토저 마이티(Mighty) 시리즈'로 출간한다.

"토저의 설교는 설교단에서 발사되어 청중의 마음을 관통하는 레이저 광선과 같다." - 워런 위어스비

내 자아를 버려라

A.W. 토저 지음 | 이용복 옮김

규장

| 한국어판 편집자의 글 |

당신은
예수 그리스도가 인정하는
진정한 그리스도인인가?

명의(名醫)는 환자에게 약 처방만 해주는 것으로 자신의 소임을 다했다고 생각하지 않는다. 환자의 병의 원인이 무엇인지에 대해 전인적(全人的)인 진단을 내린다. 특히 그 가운데서 환자의 식생활과 질병의 연관관계를 추적하는 것이 근본이다. 기름기 많은 인스턴트 식품을 즐겨 먹으면 비만성 질환은 피할 수 없다. 즉, 무엇이 투입되었는지(input)에 따라 무엇이 산출되는지(output)가 결정된다.

이것은 그리스도인과 교회의 건강도를 측정하는 데에도 그대로 적용된다. 오늘날 한국 그리스도인들이 능력 있고 영적으로 건강한 면모를 보이는가? 세상을 잘 이겨가는가? 육신의 정욕과 안목의 정욕과 이생의 자랑 앞에서 승리하는가? 혹시 세상과 타협해나가는 속도가 빠르고 세상적 기준으로 볼 때 성공한 그리스도인과 교회를 '지혜로운 그리스도인', '앞서가는 교회'로 흠모하고 있는 것은 아닌가? 그리스도인들이 왜 이 모양이 되었는가? 그 까닭이 영적으로 섭생을 잘못했기 때문은 아닌가? 영적으로 불량음식을 먹고 독초를 먹었기 때문이 아닌가?

이 시대의 선지자 토저는 우리가 영적 불량식품인 '값싼 복음'을 섭취했기 때문에 우리가 나약한 상태에 빠졌다고 고발한다. 구원에 이르는 눈물의 회개 없이 '싸구려 영접주의'로 하나님나라에 불법적으로 월장(越牆)해 들어와 명목상의 그리스도인으로 행세한다고 고발한다. 교회의 모든 비리는 이들 때문에 발생한다는 것이다. 십자가를 믿더라도 그것은 언제나 예수 혼자 죽는 십자가이지 자기도 같이 죽는 십자가로는 절대 믿지 않는다(갈 2:20 참조). 자기를 부인하고 예수님을 좇는(마 16:24) 일 없이 오히려 자기를 실현하려 하는 자들에게서 무슨 거듭남의 역사가 일어나겠는가?

그리스도인 됨의 대가(代價), 제자 됨의 대가를 지불하지 않는 '안일한 믿음주의'(easy believism)가 판치는 곳에서는 변화의 역사가 일어나지 않는다. 심지어 토저는 입으로만 신앙을 고백하는 이 안일한 믿음주의에 대해 이렇게 질타한다.

"앵무새를 훈련시켜 신앙고백을 시켰다고 해서 그것이 구원받는가? 그렇다면 어떤 사람이 앵무새처럼 영접기도를 따라했다고 그가 구원받았다고 선포할 수 있을까?"

참된 그리스도인은 그리스도인 됨의 대가를 지불한다. 예수 혼자 죽는 십자가가 아니라 자신도 같이 죽는 십자가로 믿는다. 매일 자기를 부인하며 자기 십자가를 지고 예수를 좇는다. 또한 예수를 '구출자'(Savior)로서 뿐만 아니라 '주인님'(Lord)으로 믿는다(벧후 3:18).

오늘 한국 그리스도인들에게 예수는 과연 누구인가? 예수는 나의 몸종인가? 예수는 나의 해결사인가? 아니다. 예수는 내 생명을 바쳐 순종해야 할 나의 '주인님'(主), 나의 하나님이시다(요 20:28).

자아가 죽지 않아 자아를 내세우며 예수께 순종하지 않는 자는 예수를 '주'(주인님)라고 부르지 말라. 주(主)의 종이 아닌 자에게는 주의 응답도 없고, 주께서 시키실 일도 없고, 주의 능력과 이적도 체험하지 못한다. 한국 그리스도인들과 교회의 무능력은 바로 옛사람이 십자가에서 그리스도와 함께 죽지 않은 데서 오는 주님에 대한 불순종에 근본 원인이 있다.

토저의 초지일관

토저는 '자기를 부인하고 예수를 좇는 자에게 하늘 영광이 임한다'라는 제목의 메시지(이 책 9장)를 전할 때, 회중에게 자기가 진실하게 사역할 수 있도록 기도해달라고 다음과 같이 부탁했다.

"내가 오직 안락한 보금자리만을 탐내는 늙고 지친 목사로 생(生)을 마감하지 않도록 기도해주십시오. 내가 그리스도인으로서 신앙의 기준을 완화하지 않고, 죽는 그 순간까지 자기 희생을 기꺼이 받아들일 수 있도록 기도해주십시오."

그는 초지일관(初志一貫)의 정신으로 끝까지 진실과 정직을 포기하지 않았다. 1963년, 갑작스럽게 세상을 떠나기 몇 주 전에 그는 '미국복음주의자협회'(NAE)의 한 임원으로부터 뉴욕 주(州) 버팔로에서 열리는 연례대회에서 말씀을 전해달라는 부탁을 받았다. 그러나 그는 자기가 속한 교단이 그 협회에 가입하는 것을 찬성하지 않았기 때문에 다음과 같이 솔직하게 물었다.

"당신들이 나를 초청하는 이유가 내가 당신들의 대회에 무엇인가 도움을 줄 것이라고 믿기 때문입니까, 아니면 내게 아첨하여 나를 이용하려고 하기 때문입니까?"

후에 그들의 초청이 순수한 동기에서 비롯된 것임을 알게 된 토저는 초청에 응했으며, 결국 미국복음주의자협회의 연례대회에 참석한 대표들에게 그리스도인의 헌신에 대해 기념비적인 설교를 남겼다. 그가 교회에서 전파한 설교들을 뺀다면, 이것은 1963년 5월 영원한 나라로 옮겨지기 전에 그가 공식 석상에서 한 마지막 메시지였다.

이 책을 보면, 토저의 좌우에 날선 검(劍)이 토저 당대의 미국 그리스도인들이 아니라 바로 오늘의 나른한 한국 그리스도인들을 향하고 있음을 절감하게 될 것이다. 이제 이 시대의 선지자 토저의 사자후(獅子吼)를 경청하라!

규장 편집국장 김응국 목사

그리스도 예수의 사람들은 육체와 함께 그 정과 욕심을
십자가에 못 박았느니라
갈라디아서 5장 24절

한국어판 편집자의 글

1부   자기를 사랑하면 십자가의 원수가 된다

chapter 01   예수께서는 사람들의 자아를 끝장내기 위해 세상에 오셨다   17
chapter 02   달콤한 포도주 신앙이 고난의 십자가를 새까맣게 잊게 한다   45
chapter 03   등 두드려주며 값싼 위로를 주는 신앙에 현혹되지 말라   67

2부   값싼 복음에 속지 말라

chapter 04   앵무새도 "나는 믿습니다"라고 고백하면 구원을 받는가?   91
chapter 05   회개하지 않고 교회에 들어온 자여, 회개하라   114
chapter 06   내가 바로 예수를 십자가에 못 박은 자이다   141
chapter 07   당신이 구원받았다면, 당신의 믿음을 확증하라   158

Contents 차례

3부 자아가 죽은 자라야 불사조 생명을 얻는다

chapter 08 십자가를 통과한 자에게는 죽음의 철권통치가 끝난다 183
chapter 09 자기를 부인하고 예수를 좇는 자에게 하늘 영광이 임한다 204
chapter 10 참 그리스도인은 나의 날이 아니라 주님의 날을 사모한다 230
chapter 11 당신은 천국에 갈 수 있다고 확신하는가? 251

1부 자기를 사랑하면 십자가의 원수가 된다

WHO PUT JESUS ON THE CROSS?

■■■ 참된 회개를 통해 우리는 과거의 자아 중심적 삶에서 벗어날 수 있고, 그것과 어울리는 삶을 거부할 수 있다. 자아를 거부하고 회개하라! 그러면 자아에게 지배당하는 나라에서 도망하여 임마누엘의 나라로 넘어가 영적 승리와 복을 누리며 예수 그리스도의 십자가 군기 아래 기쁨으로 살아갈 수 있는 권리와 능력을 얻게 될 것이다.

chapter 01

예수께서는 사람들의 자아를
끝장내기 위해 세상에 오셨다

하나님께 감사하게도, 기독교 안에는 다른 입장이 있다. 그것은 예수 그리스도께서 자아를 교육하고 관용하고 세련되게 만들기 위해서가 아니라 자아를 끝장내기 위해 이 땅에 오셨다는 성경의 교훈을 받아들인다.

내가 그리스도와 함께 십자가에 못 박혔나니 그런즉 이제는 내가 산 것이 아니요 오직 내 안에 그리스도께서 사신 것이라 이제 내가 육체 가운데 사는 것은 나를 사랑하사 나를 위하여 자기 몸을 버리신 하나님의 아들을 믿는 믿음 안에서 사는 것이라 갈 2:20

싸구려 기독교에 머물지 말라

오늘날 그리스도인 중에 "하나님께서 그리스도를 보내고 십자가의 구속(救贖)을 이루시어 나를 지옥에서 건져주신 데 대해 감사드립니다"라고 말하는 것으로 자신의 믿음을 만족스럽게 여기는 사람이 아주 많은 것 같다.

사람들로 하여금 "내가 큰 죄의 빚을 지고 있었지만, 하나님께서 자신의 아들을 보내셨고 주께서 나의 모든 빚을 갚아주신 것으로 만족합니다"라고 고백하도록 만드는 기독교는 사람들을 그릇된 길로 이끄는 저급한 싸구려 기독교이다.

물론 우리의 구속자(救贖者) 예수 그리스도께서 우리를 대적하던 죄의 빚을 다 갚아주셨기 때문에 우리가 지옥의 판결을 면한 것은 사실이다.

그러나 하나님께서 예수님을 십자가와 무덤으로 보내신 목적에 대해 무엇이라고 말씀하시는가? 그분의 죽음과 부활이 그리스도인들에게 어떤 의미를 갖는지 그분께서 무엇이라고 말씀하시는가?

성경을 너무나 잘 알고 있는 우리는 이렇게 대답할 것이다.

"인류의 구속에 담긴 하나님의 최고의 목적은 전에 죄에 빠졌던 우리의 삶 속에서 그리스도의 형상이 나타나고 순종의 열매가 맺히도록 하는 것이다."

맞는 말이다! 그러나 그렇기 때문에 우리는 갈라디아서 2장 20절 말씀에 더욱 관심을 가져야 한다. 이 말씀은 신앙이 침체된 갈라디아의 그리스도인들에게 사도 바울이 그의 개인적 신학을 가르쳐준 글이다. 이 말씀은 기독교 진리의 핵심으로서, 진귀한 보석처럼 아름답게 빛을 발한다. 또한 이 말씀은 그리스도인에게 성숙에 이르는 길을 안내해주는 지도와 같다. 그런데 우리는 이 본문을 문맥에서 따로 떼어 단독으로 이해하려고 해서는 안 된다. 우리는 갈라디아서의 말씀이 하나의 메시지 안에서 다루어지기에는 너무 광범위하다는 것을 인정한다.

흠정역 성경(the King James Version)의 번역에 따르면, 바울은 "내가 그리스도와 함께 십자가에 못 박힌다"라고 말했다. 그러나 흠정역 성경과 시제(時制)를 달리하는 다른 역본들에 따르면, 바울은 "내가 그리스도와 함께 십자가에 못 박혔다"라고 말했다(개역한글성경도 이렇게 번역했다 - 역자 주). 내가 볼 때, 후자의 번역이 더 정확하다.

이 말씀을 단순히 암기하는 것으로 만족하는 사람들이 종종 있는데, 그런 사람들은 바울이 이 말씀을 통해 진정 전달하고자 하는 바를 깨닫기 힘들다. 이것은 대충 읽고 넘어가도 좋은 그런 성경구절이 아니다. 주기도문이나 시편 23편을 대충 훑어보고 넘어가도 좋다고 생각하는 자가 있는데, 갈라디아서 2장 20절을 그런 식으로 읽고 넘어가서는 안 된다.

내가 그리스도와 함께

갈라디아서 2장 20절은 그리스도인들에게 강력한 영적 능력을 줄 수 있는 의미 깊은 구절이다. 그렇기 때문에 우리는 이 구절의 의미를 알기 위해 노력해야 한다. 이 구절의 온전한 의미를 알 때 우리는 이 말씀을 실제로 실천하면서 살아갈 수 있다.

우리는 이 말씀에서 하나님의 뜻과 예비하심이 무엇인지를 알려고 애쓰는 바울의 솔직한 모습을 볼 수 있다. 바울은 예수 그리스도의 요구에 부응하기 위해 자기가 어떻게 해야 할지 밝히는 것을 전혀 부끄러워하지 않는다.

바울은 "내가 그리스도와 함께 십자가에 못 박혔나니"라고 증거하는 것으로 그치지 않는다. 한 걸음 더 나아가 그는 이 말의 전후 문맥에서 '나'(I), '나 자신'(myself) 그리고 '나를'(me)이라는 말을 총 14번 사용한다.

어떤 성도들은 아름답게 겸손을 표하기도 하는데, 때로는 이것이 지나칠 수도 있다.

노련한 선교사 한 분이 가끔 우리 교회를 방문하곤 했다. 그분은 학식이 많고 교양 있는 분이지만, 솔직히 말해서 너무 겸손했다. 그는 선교사로서 훌륭한 일들을 이루었기 때문에 우리에게 들려줄 이야기가 많았다. 그런데 그는 자신을 가리켜 '나'(I)라는 1인칭을 쓰기를 거부했다.

선교 개척자로서 겪었던 일에 대해 얘기해달라는 부탁을 받았을 때 그는 "지금 기억나는 것은 내가(I) 중국에 있을 때의 일입니다. 내가 보니까…"라고 하지 않고 대신 "지금 기억나는 것은 한 사람(one)이 중국에 있을 때의 일입니다. 한 사람이 보니까…"라고 말했다. 이런 식으로 말하는 것이 너무 겸손하다 싶어 나는 그에게 농담 삼아 이렇게 말했다.

"선교사님께서 시편 23편을 다시 쓰신다면, '여호와는 한 사람(one)의 목자시니 한 사람이 부족함이 없으리로다 그가 한 사람을 푸른 초장에 누이시며 한 사람을 쉴 만한 물가로 인도하시는도다'라고 쓰시겠군요."

나는 바울이 '나'(I)라는 말을 언제 어디에 써야 할지를 잘 아는 사람이었다고 생각한다. 영적인 일에 있어서 어떤 이들은 자신의 이름을 밝히기를 원하지 않는다. 이럴 경우에 누군가 다른 사람이 먼저 나서서 그들의 이름을 얘기해야 비로소 그들이 누구인지 밝혀진다.

기도할 때에도 자신이 누구인지를 드러내지 않으려는 사람들이 종종 있다. 이런 사람들은 자신과 관련 없는 듯이 모호하게 구하기 때문에 하나님으로부터 응답을 받지 못한다. 예를 들면, 어떤 사람은 고개를 숙이고 "주여! 선교사들에게 복을 주시고, 또한 우리가 위하여 기도하는 모든 사람에게도 복을 주소서"라고 기도한다.

그러나 사도 바울은 그러지 않았다. 갈라디아서 2장 20절에서 그는 마치 우리에게 이렇게 말하는 듯하다.

"나는 나 자신을 예로 드는 것을 부끄러워하지 않는다. 내가 그리스도와 함께 십자가에 못 박혔다. 나는 내가 이렇다는 것을 결코 숨기지 않는다."

하나님이 없고 영적 지각이 없는 사람은 왜 스스로 자아(自我)의 문제를 해결하지 못하는 것일까? 이것에 대한 해답을 알고 있는 종교는 오직 기독교뿐이다. 그가 '나'라고 말할 때 이것은 그의 인격의 모든 부분을 가리킨다. 그런데 그는 근본적으로 자기가 누구이며 이 땅에서 자신이 무엇을 해야 하는지 알지 못한다. 그렇기 때문에 그는 인격 안에서 생기는 온갖 종류의 질문에 시달리고, 불투명한 미래에 대해 끊임없이 걱정하는 것이다.

오늘날 심리학에 의존하는 얄팍한 종교들은 심리학의 이런 저런 학설을 교묘히 이용하여 자아의 문제를 해결하려고 애쓰지만, 기독교는 '나'의 문제를 결정적으로 처리하여 해결한다.

거듭나지 못한 인간은 자신의 자연적 자아와 이기심의 문제를 붙들고 계속 씨름할 수밖에 없다. 그들의 인간적 본성은 아담에게서 유래한다. 그러나 기쁘고 복된 성경의 교훈에 따르면, 사람들은 누구나 거듭나서 그리스도 안에서 새 사람이 될 수 있다.

바울의 "내가 그리스도와 함께 십자가에 못 박혔나니"라는 고백은 "나의 자연적 자아가 십자가에 못 박혔나니"라는 말과 동일하다. 그렇기 때문에 그는 계속해서 다음과 같이 말할 수 있다.

"그럼에도 불구하고 나는 살아 있다. 나는 그리스도 안에서 살고, 그리스도는 내 안에서 사신다."

바울이 이렇게 말할 수 있는 것은 그가 그리스도 안에서 새 사람이 되었기 때문이다.

"반신적(反神的)인 것도 없고 반(反)그리스도적인 것도 없다"라고 말하는 사람들이 있다는 것을 잘 안다. 이런 사람들은 예언과 종말에 관한 성경의 교훈에 귀를 기울이지 않는다.

그러나 성경은 십자가에 못 박히고 변화되어 새 피조물이 되지 못한 것은 무엇이든지 반(反)그리스도적인 것이라고 가르친다. 그리스도께서는 자신과 함께하지 않는 것은 모두 자신(그리스도)을 반대하는 것이라고 말씀하셨다. 다시 말해서, 주님 편에 서지 않는 자들은 모두 주님을 반대한다는 말씀이다. 어떤 사람들은 이 말씀을 어떻게 받아들여야 할지 몰라 이것을 회피하거나 또는 그 의미를 완화시키는 방향으로 다시 번역하려고 애쓴다. 하지만 주님은 분명히 말씀하셨다.

"나와 함께 모으지 아니하는 자는 헤치는 자니라"(마 12:30).

관용하라! 그러나 단호하라!

오늘날 세계 곳곳에서 관용을 주장하는 목소리가 높아지고 있다. 이런 현상은 각국에서 무신론이 점점 더 강해지기 때문에 벌어진다. 관용과는 가장 거리가 먼 것 같은 공산주의 국가들이 관용을 주장하고 요구한다. 그들이 이렇게 하는 이유는 종교 간의 경계를 허물고 기독교 국가의 사회적 및 인종적 문제를 지적함으로써 기독교인들을 당혹하게 만들기 위함이다.

관용과 단호함의 문제는 하나님의 백성에게 중요한 주제가 될 수밖에 없다. 이 세상에서 가장 단호한 책은 영감(靈感)으로 기록된 하나님의 말씀, 즉 성경이다. 세상 사람들에게 가르침을 베풀면서 동시에 그들에 대해 가장 관용하지 않으셨던 분이 바로 주 예수 그리스도이다.

그런데 예수 그리스도는 자애와 관용이 아주 다르다는 것을 분명히 보여주셨다. 그분은 자애로 충만하셨기 때문에 세상 모든 사람을 마음에 품으셨고, 심지어 그분을 미워하는 자를 위해 돌아가셨다.

그러나 이토록 사랑과 자애의 면류관을 쓰신 분께서 또한 이렇게 말씀하셨다.

"너희가 만일 내가 그인 줄 믿지 아니하면 너희 죄 가운데서 죽으리라"(요 8:24).

이 점에 대해 예수님은 단호한 태도를 취하신다. 그분은 죄와 진리 사이에서 중립적인 입장을 가지는 사람을 용납하지 않으신다. 그분의 가르침에는 제3의 구역이 없다.

자애와 관용은 완전히 다른 것이다.

영적 원리를 확실히 세워야 할 상황이 벌어지면, 겁쟁이는 관용이라는 도피처로 도망한다. 그들이 이렇게 하는 것은 하나님 말씀의 가르침을 무시하거나 망각했기 때문이다.

많은 사람이 원하는 바에 따라 우리가 진리를 타협할 수 있는 대상으로 간주하고 다음과 같이 말한다고 가정해보자.

"원하는 사람은 누구나 와서 구원을 받으십시오. 하지만 당신이 구원받기를 원하지 않는다면, 아마도 우리는 당신을 위해 어떤 다른 방법을 찾을 것입니다. 우리는 당신이 주 예수 그리스도를 믿기를 원합니다. 그러나 당신이 그분을 믿기를 원하지 않는다 할지라도 하나님께서는 당신에게 다른 길을 마련해주실 것입니다. 그분께 이르는 길은 여러 가지라고 많은 사람이 말하지 않습니까?"

이렇게 말하는 사람은 겉으로 보기에 관용이 많은 것처럼 보이지만 사실은 완전히 비겁한 자이다. 우리 중에도 이와 같이 말하는 사람이 있다면, 그는 반신적(反神的) 태도를 취하며 진리에 대해 타협하는 수많은 사람과 똑같은 죄를 짓는 것이다.

참된 기독교는 '나'와 '나 자신'과 '나를'에 얽매여 있는 자아 중심적인 삶의 문제를 해결한다. 하나님의 영은 단호한 태도와 최종적인 파괴를 통해 이 문제를 해결하신다. 하나님의 영은 말씀하신다.

"이기적인 자아가 죽어야 하나님께서 인간의 삶 속에서 온전한 영광을 받으실 수 있다."

하나님께서는 인간 본성의 바로 이런 측면, 즉 우리의 교만한 삶을 엄히 정죄하고 거부하고 처결하신다.

따라서 그분은 이렇게 말씀하신다.

"오직 나만이 하나님이다. 나는 인간의 이기적인 자아를 결코 인정하지 않는다. 인간의 자아는 반역과 불순종과 불신의 결정체이다. 인간의 교만과 자기중심주의는 죄악이다. 진실로!"

자아 중심적인 삶과 세례

'인간의 악하고 교만하고 도착적(倒錯的)인 본성을 어떻게 처리하느냐'라는 문제를 놓고 기독교 안에서 두 가지 입장이 대립한다.

한 가지 입장은 심리학과 정신의학에 많이 의존한다. 일부 기독교 지도자들은 예수께서 우리의 자아와 이기심과 교만과 도착성(倒錯性)의 수위를 조절하기 위해 이 땅에 오셨다고 주장한다. 그들은 우리가 아기였을 때 어머니의 꾸지람 때문에 생긴 강박관념과 왜곡된 개념을 처리함으로써 인간관계 등의 삶의 질을 개선하는 것이 가능하다고 한다. 그들의 주장을 받아들이면, 목회자들은 문제가 있는 사람들을 교회에서 신경정신과로 보내느라고 눈코 뜰 새 없이 바쁠 것이다.

그러나 하나님께 감사하게도, 기독교 안에는 또 다른 입장이 있다. 그것은 예수 그리스도께서 자아를 교육하고 관용하고 세련되게 만들기 위해서가 아니라 자아를 끝장내기 위해 이 땅에 오셨다는 성경의 교훈을 받아들인다. 우리는 주님이 우리의 자연적 자아와 교만을 길들이는 법을 가르치기 위해 이 땅에 오셨다고 말해서는 안 된다. 우리가 바흐와 베토벤과 레오나르도 다빈치를 좋아한다고 해서 우리의 교만한 자아와 사이좋게 지낼 수 있는 것이 아니다. 예수께서도 그렇게 가르치지 않으셨다.

사도 바울은 자아의 문제를 근본적으로 해결해주는 치료법을 알았다. 그는 그것을 한 구절로 요약했다.

"내가 그리스도와 함께 십자가에 못 박혔나니 그런즉 이제는 내가 산 것이 아니요 오직 내 안에 그리스도께서 사신 것이라 이제 내가 육체 가운데 사는 것은 나를 사랑하사 나를 위하여 자기 몸을 버리신 하나님의 아들을 믿는 믿음 안에서 사는 것이라"(갈 2:20).

이것이 그리스도를 믿는 모든 성도의 삶에서 요구되는 결단이요 믿음과 헌신의 태도이다.

당신은 그리스도께서 우리의 자아와 자기중심주의와 교만의 문제를 효과적이고 최종적으로 해결하기 위해 오셨다는 것을 깨달았는가? 그렇다면 이제 당신은 입장을 분명히 해야 한다.

하나님의 도우심에 의지해서 우리는 우리의 자아에게 다음과 같이 말해야 한다.

"이제 너는 끝장났다. 너는 폐위(廢位)되었다. 너는 더 이상 지배권을 휘두를 수 없다."

참된 회개를 통해 우리는 과거의 자아 중심적 삶에서 벗어날 수 있고, 그것과 어울리는 삶을 거부할 수 있다. 자아를 거부하고 회개하라! 그러면 자아에게 지배당하는 나라에서 도망하여 임마누엘의 나라로 넘어가 영적 승리와 복을 누리며 예수 그리스도의 십자가 군기(軍旗) 아래 기쁨으로 살아갈 수 있는 권리와 능력을 얻게 될 것이다.

그토록 많은 그리스도인의 삶에서 아직도 문제를 일으키는 옛 사람, 즉 자아 중심적 옛 생활을 최종적으로 처리하는 방법은 무엇인가? 그것은 십자가 죽음과 부활을 통과하신 그리스도와 하나가 되는 것이다.

'세례'가 이것을 상징적으로 나타낸다. 그러나 슬프게도 지금 우리가 행하는 세례는 세례가 어떤 의미인지도 모른 채 물에 잠깐 들어갔다 나오는, 혹은 물에 젖은 손을 머리에 잠시 얹는 의식으로 전락해버렸다. 많은 사람은 내면에 일어난 영적 변화를 가시적(可視的)으로 증거하는 것이 세례임을 알지 못한다. 그러나 분명히 기억하라. 세례는 이기적이고 도착적(倒錯的)인 인간의 옛 본성이 십자가에 못 박혀 죽었음을 상징한다.

성도에게 세례는 그리스도와 함께 죽고 장사(葬事)되고 그분의 부활의 능력 가운데 그분과 함께 다시 산 것을 의미한다. 물세례의 형태가 어떻게 되든 간에 이것이 세례의 본질적 의미이다. 결혼반지가 결혼을 증거하고 상징하듯이 물세례는 성도가 그리스도의 죽음과 부활에 참여했다는 것을 나타낸다.

옛 자아를 완전히 멸하라

자아의 옛 본성에 대해 앞에서 언급한 두 가지 입장을 양립시키는 것은 불가능하다. 이 두 입장을 조화시켜야 할 의무가 우리에게는 전혀 없다. 주 예수 그리스도께서 이 땅에 오신 이유는 두 가지 중에 하나이다. 하나는 우리의 자아를 끝장내고 영적 승리를 통해 새 생명을 드러내기 위해 오신 것이고, 다른 하나는 옛 자아에 헝겊 조각을 붙여서 그것을 수선하기 위해 오신 것이다.

어떤 이들은 이렇게 말할지 모르겠다.

"우리는 우리의 공동체가 영적으로 승리하고 복을 얻기를 원합니다. 하지만 문제 해결을 위한 우리의 접근법은 당신의 그것과는 완전히 다릅니다."

그렇다면 나는 하나님 말씀에 근거해서 다음과 같이 대답할 것이다.

"그리스도의 죽음과 부활에 참여하는 사람은 그리스도를 닮게 됩니다."

하나님께서는 그리스도의 형상을 공동체의 성향에 따라 다양한 방법으로 이루겠다고 약속하지 않으셨다. 사람의 인격과 생활에서 그리스도의 형상을 이루실 때 하나님께서는 전 세계의 모든 공동체와 협의회와 단체 안에서 동일하게 그것을 이루신다. 그것이 무엇이라 불리든 상관없이 말이다.

자아의 옛 생명에 헝겊 조각을 붙여서 수선하는 방법으로는 결코 문제가 해결되지 않는다. 신약의 신학은 인간의 옛 자아를 완전히 멸하는 것이 문제 해결의 열쇠라고 가르친다. 아무리 좋게 말한다 할지라도, 옛 자아의 지혜는 거짓된 가치에서 비롯된 것이며 그것 안에는 근본적으로 선한 것이 없다. 그러므로 우리 안에는 새로운 자아, 즉 그리스도 안의 새 사람만이 살아야 한다. 이런 진리 위에 굳게 서서 우리는 우리 자신을 죄에 대해서는 죽은 자요 하나님께 대해서는 그리스도 예수 안에서 산 자로 여겨야 한다.

그러나 '나', '나 자신', '나를' 위주의 자연적 자아는 죄악으로 가득한 과거를 잊으려고 애쓰면서 끊임없이 옛 것에 집착한다. 자연적 자아는 하나님께 받아들여질 만한 것으로 변화하려고 스스로 노력하고 자신의 가능성을 최대한 발전시키려고 발버둥 친다.

인간은 창조 때에 부여받은 가능성을 최대한 실현하지 못했다는 자각(自覺) 때문에 좌절한다. 하나님께서는 그분이 주신 재능을 우리가 이 땅에서 충분히 사용하기를 원하신다. 이런 뜻을 담은 청사진을 가지고 하나님께서는 우리 각 사람을 창조하셨다.

우리 각 사람을 위한 하나님의 거대한 미래상이 널리 펼쳐져 있지만, 실제로 사람들의 삶에서는 어떤 일이 벌어지고 있는가? 그들의 청사진의 한가운데에는 비바람만 겨우 피할 수 있는 작은 오두막 한 채가 서 있을 뿐이다. 그리고 몇 년 동안 힘들게 발버둥 친 후에는 그 옆에 헛간 하나만 달랑 보태진다. 인간적인 노력을 아무리 기울이더라도 빈 공간은 채워지지 않는다.

자신의 인간적 본성이 몸부림치도록 내버려두면서 다음과 같이 말하는 사람은 없다.

"하나님, 감사합니다. 제 삶이 하나님께서 원하시는 대로 다 이루어졌습니다. 담도 완성되고 대문도 세워졌습니다. 지붕은 흠 하나 없이 완벽합니다. 정말로 완전한 집이 탄생했습니다."

인간은 무한한 가능성과 능력을 가지고 있다. 그러나 그것을 소유하고 있다는 것만으로는 충분하지 않다. 나는 인간이 발휘할 수 있는 최고의 능력과 사고력과 창조력이 어느 정도인지 깊이 연구해보고 싶은 충동을 가지고 있다. 그러나 이런 능력과 재주가 있음에도 불구하고 사람들이 창조주요 구속자이신 하나님께 영광과 존귀와 찬양을 돌리지 않는다면, 아직도 그들은 마땅히 있어야 할 곳에 있지 못한 것이다.

잠재의식 속의 욕구

인간은 자기의 가능성을 완전히 발휘하여 꿈이나 목표를 이루려는 욕구를 잠재의식 속에 가지고 있다. 이것은 충만하고 완전한 삶을 살기를 원하는 욕구로서, 종종 과거로부터 도피해서 확신 가운데 미래에 도전하고 싶어 하는 형태로 나타난다.

그러나 이런 욕구에 따라 살려고 노력하는 사람들이 실제로 그들 마음속에서 발견하는 것은 무엇인가? 유감스럽게도 그들의 꿈과 희망에 부응하는 것은 전혀 발견되지 않는다. 그들은 영원한 가치를 지니는 것이 자기들에게 없다는 것을 깨닫는다.

그들은 자기들이 확실히 아는 것이 전혀 없음을 알게 된다. 그리고 거룩하신 하나님께서 받으실 만한 것이 자기들에게 전혀 없다는 사실을 깨닫는다.

사람들은 끊임없이 자아를 지탱해줄 다양한 보조 장치에 의지하고, 교만에 영양분을 공급하며, 자신의 명백한 결점을 숨긴다. 어떤 사람들은 교육을 계속 받으면, 인간의 잠재적 가능성과 실제 인격 사이의 간격이 좁아질 것이라고 믿는다. 그래서 어떤 이는 사상(思想)을, 또 다른 이는 문화를 의지한다. 그리고 어떤 사람들은 조상의 혈통과 자연환경과 가정환경에 의지하여 인간을 개선하려고 노력한다.

그러나 조상을 자랑하고 목에 힘을 주면서 국가나 문화의 우월성을 내세운다고 해서 인간의 본성이 바뀌는 것은 아니다. 인종적, 문화적, 교육적 우월성에 관계없이 우리 모두는 똑같은 인간일 뿐이다. 내 본성에 관한 한, 나는 아무것도 아니다. 나는 내 자신에 대해 아무것도 알지 못한다. 하나님이 보시기에 그분의 도움과 능력이 없이는 나는 아무것도 할 수 없고, 아무것도 가진 게 없다.

그러나 그리스도 예수 안에 있는 새 사람이 되면, 모든 것이 완전히 달라진다! 자신을 포기하고 예수님의 십자가와 죽음에 동참하는 것이 무엇인지를 깨달은 새 사람은 그리스도의 충만한 임재를 체험한다.

이 새 사람은 그리스도께서 자기 안에 들어오실 수 있는 공간을 마련함으로써 풍부한 자원(資源)을 갖는다. 그는 더 이상 '아무것도 할 수 없고, 아무것도 알 수 없고, 아무것도 가진 게 없고, 아무것도 아닌 존재'가 아니다. 십자가에 못 박히고 부활하신 구주께서 그의 중심을 차지하시고 정당한 권리를 행사하실 때 그의 옛 자아는 죽는다. 그의 옛 사람은 "그렇게 변해야 한다는 것을 알지만, 그렇게 될 수 있는 방법은 알지 못한다"라고 부르짖었지만, 이제 그의 새 사람은 "그리스도께서 내 안에 사신다"라고 외치면서 믿음과 기쁨 가운데 평안을 누린다.

사도 바울은 이 진리를 골로새 교인들에게 "이 비밀은 너희 안에 계신 그리스도시니 곧 영광의 소망이니라"(골 1:27)라고 전하고, 계속해서 "너희도 그(그리스도) 안에서 충만하여졌으니"(골 2:10)라고 가르쳤다.

그리고 바울은 에베소 교인들에게 중요한 원리가 담긴 편지를 썼다. 우리는 "사랑하시는 자 안에서"(엡 1:6) 받아들여진 것을 확신함으로써 믿음과 소망의 본질을 상기할 수 있는데, 이것이 바울이 깨달은 원리이다.

또한 바울은 고린도 교인들에게 다음 말씀을 아는 것이 온전한 영적 구원과 평안의 길이라고 가르쳤다.

"예수는 하나님께로서 나와서 우리에게 지혜와 의로움과 거룩함과 구속함이 되셨으니"(고전 1:30).

무엇을 보는가?

우리에게 가장 필요한 분은 예수 그리스도이시다. 우리는 바로 그분이 필요하다. 예수님은 우리에게 필요한 것을 가지고 계신다. 주님은 우리가 알아야 할 것을 아신다. 그분은 우리가 할 수 없는 것을 우리 안에서 이루신다. 다시 말해서, 하나님이 기뻐하시는 것을 우리 안에서 이루실 수 있다.

내가 이런 이야기를 하면, 많은 사람은 다음과 같이 묻는다.

"제 꿈은 어떻게 되는 것입니까? 저는 꿈을 늘 간직해왔기 때문에 그것은 이제 저의 일부가 되었습니다. 제 꿈도 중요하지 않습니까?"

"저는 제 일을 저의 방식대로 하는 데 익숙해진 사람입니다. 교회에서도 저는 그렇게 하고 있습니다. 제게 익숙한 것을 버려야 합니까?"

"이제까지 언제나 저는 인정받고 인기를 얻기 위해 전력투구하는 삶을 살아왔습니다. 신문에 실린 제 이름을 보는 낙(樂)으로 살고 있습니다. 이런 제가 그리스도와 함께 십자가에 못 박히면 무엇을 얻을 수 있습니까?"

당신이 그리스도와 함께 십자가에 못 박히면, 새 언약의 중보이신 그리스도, 영광, 열매 맺음, 내세, 온전하게 된 의인(義人)들의 성품, 영원한 언약의 피, 셀 수 없을 정도로 많은 천사의 무리, '제일 먼저 태어나신 분'의 교회 그리고 거룩한 하나님의 도성 새 예루살렘이 당신에게 주어진다. 이런 모든 것이 주어지기 전에도 당신은 이 땅에서 사랑과 기쁨으로 충만하여 그리스도와 인류를 위해 봉사할 수 있는 특권을 누릴 수 있다.

이런 모든 것이 하나님께서 사랑과 지혜 가운데 사람들을 위해 예비하신 은혜로운 계획임을 알라! 하나님은 당신을 너무 사랑하시기 때문에 당신이 목에 힘을 주고 뽐내며 걸으면서 자기중심주의를 키우고 당신의 자아를 가꾸는 일을 계속하도록 허락하지 않으신다. 하나님은 자신의 자녀들이 그런 이기적인 삶을 사는 것을 결코 용납하실 수 없다. 그렇기 때문에 그리스도께서 우리 안에서 그분 자신을 온전케 하고 새롭게 하기 위해 우리 안에서 일하신다. 또한 그렇기 때문에 그리스도께서 이 세상에 와서 우리와 함께 거하시고 우리를 위해 피 흘리신 것이다.

우리가 얼굴과 얼굴을 대하여 하나님을 보는 날까지, 그분의 이름이 우리의 이마에 기록되는 날까지, 그분은 그분의 소중한 자녀인 우리 안에서 그리스도의 형상을 이루는 일을 결코 쉬지 않으신다. 그날에 우리는 정말로 하나님을 닮을 것이며, 그분이 계신 그대로 그분을 볼 것이다. 그 은혜로운 날에 우리는 그분에 의해 지옥에서 건짐 받았기 때문에 기뻐하는 것이 아니라, 그분이 우리를 새롭게 하셨기 때문에 기뻐할 것이다. 다시 말해서, 우리는 하나님께서 우리의 옛 자아를 끝장내시고 그분의 아들의 아름다운 형상을 나타낼 수 있는 새 사람을 우리 안에 지으셨기 때문에 기뻐할 것이다.

이런 놀라운 하나님의 계획에 비추어볼 때, 당신은 그리스도의 아름다운 형상이 날마다 삶 속에서 나타나도록 해야 한다. 그렇지 못하다면, 당신은 그리스도인으로서 마땅히 있어야 할 곳에 있는 것이 아니다.

당신은 이렇게 물을지 모르겠다.

"그렇다면 우리의 삶과 성품이 도대체 어느 정도까지 변해야 합니까?"

한 가지 분명한 사실은, 자신을 들여다보면서 "하나님, 이제 다 이루어진 것에 감사합니다. 주께서 제 안에 완성된 형상에 서명을 하셨습니다. 저는 제 안에서 예수님을 봅니다"라고 감사한 사람이 지금껏 단 한 명도 없다는 것이다. 앞으로도 없을 것이다!

누군가 그리스도를 닮게 되었다 할지라도 그는 그것을 알지 못할 것이다. 그가 사랑과 희락과 화평과 오래 참음과 자비와 양선과 충성과 온유와 절제로 충만하다 할지라도 그는 그것을 알지 못한다. 왜냐하면 변화되어 하나님을 닮은 사람은 겸손하기 때문이다.

모든 사람이 이런 사람을 가리켜 "저 사람은 하나님의 사람이요 그리스도의 증인이다"라고 말할지라도 그는 끊임없이 노력하면서 전진할 뿐이다. 다시 말해서, 사람들에게 자기를 위해 기도해달라고 부탁하고 눈물로 성경을 읽으면서 다음과 같이 기도할 것이다.

"오, 하나님! 저는 그리스도를 닮기를 원합니다."

물론 하나님께서는 그 자녀들 중에서 누가 그리스도의 형상으로 변해가고 있는지 알고 계신다. 천사들도 그것을 알고, 그 사람의 주변 사람들도 안다. 하지만 오히려 그 당사자는 자기의 삶과 인격을 향한 하나님의 뜻을 이루어드리는 데 너무나 열중한 나머지 그것을 알지 못한다. 참된 겸손은 자기를 들여다보지 않는다.

R.W. 에머슨(Ralph Waldo Emerson, 1803~1882. 미국의 사상가이며 시인)은 다음과 같은 말을 남겼다.

"자기 자신만을 바라보는 눈은 맹목(盲目)이다. 눈은 자기를 보기 위해서가 아니라 다른 것을 보기 위해 존재한다."

만일 내 눈이 갑자기 내 자신을 의식하기 시작한다면, 나는 눈 먼 사람이 될 것이다.

진리를 적용하라

우리는 그리스도와 함께 십자가에 못 박혔다는 것을 생활에 어떻게 적용해야 하는가? 이것을 이미 아주 오래 전에 깨달은 사람이 바로 세례 요한이다. 왜냐하면 그는 "그는 흥하여야 하겠고 나는 쇠하여야 하리라"(요 3:30)라고 말했기 때문이다.

그렇다! 나는 자꾸 작아져야 하고, 그리스도는 자꾸 커져야 한다. 그러나 이 십자가의 도(道)를 실천하는 일은 결코 쉽지 않다. 나는 법적으로 그리고 잠재적으로 그리스도와 함께 십자가에 못 박혔다. 그런데 이제 하나님께서는 이것을 현실로 만들기를 원하신다. 이것을 현실로 만드는 일이 결코 쉬운 작업이 아니다. 십자가에서 내려오고 싶은 마음이 들 때마다 당신은 결심과 헌신으로 이러한 마음을 막아야 한다. 우리가 매 순간마다 "이제는 내가 산 것이 아니요 오직 내 안에 그리스도께서 사신 것이라"(갈 2:20)라고 고백하기를 얼마나 원하느냐에 따라 우리의 평안과 능력과 결실이 달라질 것이다.

하나님께서는 그리스도의 생명을 드러낼 수 있는 엄청난 잠재적 가능성을 지닌 사람들에게 끊임없이 결단을 요구하신다.

우리는 스스로에게 다음과 같이 질문해야 한다.

'내 길을 갈 것인가, 예수 그리스도의 길을 갈 것인가?'

'하나님께서는 예수님의 의(義)를 받아들이라고 말씀하시는데, 내가 내 의를 계속 고집해야 하는가?'

'나는 여전히 내 영광을 추구하는 삶을 살고 있지 않은가?'

하나님께서는 우리가 그리스도의 영광을 구하고 그분께 찬양을 돌리기를 기뻐하신다. 우리에게는 다른 선택이나 계획이 있을 수 없다. 우리가 그리스도를 따르는 선택을 하면서 하나님의 계획을 이루기 위해 살 때, 비로소 하나님께서는 명예를 얻으실 수 있다.

현대의 신학은 바로 이 점에 대해 철저하지 않다. 우리 역시 찬송가를 부를 때 이런 점에 대해 모순된다. 우리는 "사랑하는 주님! 제 자신에 대해 죽기를 원합니다. 제 안에서 주님만이 사시기를 원합니다"라고 노래한다. 그러나 이렇게 찬송한 후 즉시 찬송가를 덮고 친구들과 몰려나가서 느긋하게 쉬면서 입에 착착 붙는 탄산음료를 마신다.

대부분의 그리스도인은 영적 원리를 자신의 삶에 적용하지 않는다. 원리와 실제가 따로 논다. 그렇기 때문에 나는 객관적 진리가 그리스도인들의 삶에서 주관적 체험이 되어야 한다고 끊임없이 주장하고 가르치는 것이다. 그리스도를 믿는다고 고백하면서도 감히 "저는 진리에 대해 충분히 알고 있습니다. 그러므로 저는 진리를 일상생활에 적용하는 것에는 관심이 없습니다"라고 말하는 그리스도인이 있다. 이런 사람이 믿는 기독교는 희극(喜劇)이고 망상(妄想)이다.

복음주의적 정통 기독교를 종종 비판했던 앨더스 헉슬리(Aldous Huxley, 1894~1963. 영국의 소설가 및 평론가)가 "하나님나라가 임하면 내 나라가 사라지는 것은 당연한 일이다"라고 말했다는 것은 놀랄 만한 일이다.

많은 사람이 주일마다 교회에서 "나라이 임하옵시며 뜻이 하늘에서 이룬 것같이 땅에서도 이루어지이다"(마 6:10)라고 기도한다. 하지만 정작 이 기도를 자신의 삶에 어떻게 적용해야 할지 고민하는 사람은 극히 드물다.

당신은 무엇을 위해 기도하는가? "나라이 임하옵시며"의 의미가 "주여, 제 나라가 사라지게 하시고, 하나님나라가 임하게 하소서"라고 뜻풀이를 해주어야 정신을 차릴 사람들이 너무 많다. 당신의 이기적인 나라가 사라지기 전에는 하나님의 나라가 이루어질 수 없다. 당신이 자기 삶에서 왕 노릇하지 않을 때, 그때에야 비로소 그리스도께서 당신 삶의 왕이 되실 것이다.

나는 목사로서 내가 체험한 것을 근거로 고백한다. 하나님의 말씀을 온전히 따르는 목회자만이 날마다 영적으로 승리하고 축복을 얻을 수 있다. 목사가 능력 있는 성경말씀을 선택하여 해석하고 설교하는 것과 성경말씀에 따라 하루하루를 정직하고 진실하게 사는 것은 전혀 별개이다. 교역자도 인간이기 때문에 종종 그 자신의 작은 왕국을 가질 수 있다. 그것은 지위의 왕국, 교만의 왕국 또는 권력의 왕국일 수 있다. 다른 모든 사람과 마찬가지로 교역자도 십자가에 못 박힌 삶을 실천하기 위해 몸부림쳐야 한다. 하나님의 사람으로서 교역자는 그의 작은 왕국의 유혹에 대해 날마다 죽어야 한다. 이럴 때 양들은 그를 모범으로 삼고 따른다.

종교개혁 이전에 독일에서는 요한네스 톨러(Johannes Tollar)라는 위대한 설교자가 활동하고 있었다. 그는 틀림없이 루터 시대 이전의 복음주의자였다. 그에 대해 다음과 같은 이야기가 전해진다.

어느 날 니콜라스라고 불리는 경건한 평신도 농부가 시골에서 톨러 박사를 찾아왔다. 그는 톨러 박사에게 자기가 다니는 교회에 와서 '그리스도와의 영적 연합에 기초한 그리스도인의 성숙한 삶'이라는 주제로 설교를 해달라고 부탁했다. 그 다음 주일에 톨러 박사는 이 주제로 설교를 했다. 그는 사람들에게 그들의 삶에서 그리스도를 영화롭게 하기 위해 그들의 죄와 이기심을 버리는 26가지 방법을 설명했다. 그의 설교는 훌륭했다

(나도 그 설교문을 읽었는데 구구절절 동감한다).

예배가 끝나고 회중이 흩어졌을 때 니콜라스가 본당 중앙복도를 따라 천천히 걸어 나왔다. 그러자 그 경건한 농부가 이렇게 말했다.

"톨러 박사님, 참으로 훌륭한 설교입니다. 박사님이 전한 진리에 대해 감사하고 싶습니다. 하지만 제게는 고민이 있습니다. 박사님이 허락하신다면, 박사님의 설교에 대한 제 의견을 말씀드리고 싶습니다."

톨러는 대답했다.

"좋습니다. 그렇게 하세요. 얼마든지 의견을 말씀하십시오."

그러자 니콜라스는 말했다.

"박사님은 오늘 사람들에게 아주 중요한 영적 진리를 전하셨습니다. 그렇지만 제가 볼 때, 박사님은 깊은 영적 원리를 생활 속에서 체험하지 못한 채 사람들에게 전했습니다. 박사님은 그리스도의 죽음과 부활과 온전히 연합된 삶을 살고 있지 않습니다. 박사님이 설교하시는 모습을 보고 나는 그것을 깨달았습니다."

배운 것이 많고 학구적인 톨러 박사였지만 그는 아무 말도 하지 못했다. 그는 즉시 무릎을 꿇고 회개하며 겸손히 하나님을 구했다. 그후 몇 주 동안 톨러 박사는 설교단에 서지 않았다.

대신 그는 성령님께 객관적 진리를 깊고 뜨겁게 체험할 수 있게 해달라고 날마다 간절히 기도했다.

영혼의 고뇌로 얼룩진 긴 시간이 지난 후에 드디어 그의 왕국이 완전히 무너지고 하나님나라가 재건되는 날이 찾아왔다. 성령님이 큰 강물처럼 그의 삶에 임하셨다. 교구로 돌아와 다시 설교단에 선 그는 당대에 가장 뜨겁고 위대하고 열매를 많이 맺는 설교자가 되었다. 여기서 우리가 주목해야 할 점은, 하나님의 은혜로운 복이 그에게 임하기 전에 그가 먼저 죽어야 했다는 영적 원리이다. 바로 이 원리가 "내가 그리스도와 함께 십자가에 못 박혔나니"(갈 2:20)라는 사도 바울의 고백에 담겨 있다.

당신은 하나님의 뜻에 관심이 있는가? 그렇다면 당신은 이 원리를 당신의 생활 속에 적용해야 한다. "내가 그리스도와 함께 십자가에 못 박혔나니"라는 말씀을 기억했다가 인용할 수는 있겠지만, 그것으로는 충분하지 않다. 바울의 고백을 분명히 이해할 수는 있겠지만, 그것으로는 충분하지 않다. 당신이 당신의 이기적 왕국을 무너뜨릴 때 이 말씀의 진리가 당신의 삶에서 실제로 이루어진다. 하나님의 약속을 믿으라!

chapter 02

달콤한 포도주 신앙이 고난의 십자가를 새까맣게 잊게 한다

우리 개신교인은 연단과 고난이라는 것이 있다는 사실조차 까맣게 잊어버렸다. 우리는 '달콤한 포도주의 종교'를 만들어냈다. 그리고 취해서 기분 좋게 돌아다닐 수 있을 것이라는 기대감에서 이 포도주를 마음껏 들이킨다.

북풍아 일어나라 남풍아 오라 나의 동산에 불어서 향기를 날리라 나의 사랑하는 자가 그 동산에 들어가서 그 아름다운 실과 먹기를 원하노라 아 4:16

교회에 가는 이유

나는 온 세상의 그리스도인에게 이렇게 묻고 싶다.

"하나님께서 성령의 아름다운 열매와 향기를 선물하시기를 당신은 정말로 원합니까?"

이 질문에 "예!"라고 대답하는 사람이 있다면, 나는 즉시 그에게 이렇게 조언할 것이다.

"그렇다면 경건생활의 습관을 뿌리 깊게 내리십시오."

뿌리가 깊지 않은 나무에서는 꽃이 피지 않고 열매도 맺히지 않는다. 뿌리 깊은 나무에서 꽃이 피고 열매가 맺힌다. 성경은 다음과 같이 가르친다.

"의인은 그 뿌리로 말미암아 결실하느니라"(잠 12:12).

아름다운 향기로써 당신을 유혹하는 멋진 정원이 보이는가? 그런 정원이 있다면 아마 그 정원의 나무들은 땅속에 깊이 뿌리를 내리고 있을 것이다. 뿌리가 깊이 박히고 줄기가 튼튼할 때 비로소 아름다운 꽃이 자라서 활짝 핀다. 그러나 나무의 뿌리를 뽑아버리면 꽃은 하루가 못 가서 태양의 뜨거운 열에 말라 죽을 것이다.

정원의 열매와 향기와 아름다움에 대해 관심이 생길 때 그리스도인들은 대개 그런 관심을 훗날로 미뤄버린다. 내가 볼 때 오늘날 성도들은 마치 온종일 놀다가 넘어진 다음에 울면서 엄마의 품으로 달려가는 어린아이의 모습과 같다. 다시 말해서, 아이가 위로를 받기 위해 엄마를 찾듯이 성도들이 교회를 찾는다는 말이다.

대부분의 사람이 위로 받기 위해 교회에 가는 것 같다. 이제 우리는 위로가 신앙의 주된 목적으로 간주되는 시대에 살고 있다. 지금 우리는 '평안 숭배'라는 질병에 걸려 있다. 우리는 생각의 평안, 마음의 평안 그리고 영혼의 평안을 찾아 헤맨다. 우리는 긴장을 풀고 편하게 살기를 원한다. 우리는 전능하신 하나님께서 우리의 어깨를 두드리며 위로해주시기를 바란다. 기독교가 이렇게 시시껄렁해졌다!

"예수께 나오지 않으면 마음의 평안을 얻을 수 없습니다"라는 말 때문에 사람들이 교회로 몰려든다. 엄마 품에 안기는 것처럼 편안하게 생활하며 귀여움을 받고 싶어 하는 욕구 때문에 교회로 발걸음을 힘겹게 옮긴다. 이것이 현재 예수를 믿는다는 기독교인의 모습이다.

친구여! 이것보다 더 좋은 것이 있음을 기억하라. 그것에는 뿌리가 있다!

하나님의 사람들

내가 읽은 성경에 따르면, 이 세상에는 '하나님의 사람들'이 있다(물론 그들이 모두 한 교회에 출석하는 것은 아니다). 하나님께서는 그들을 불러내어 그들에게 영적 체험을 허락하신다. 세상이 어떻게 돌아가든지 간에 그들은 진리의 길, 성경의 길을 따라 행하면서 하나님의 자녀로서 의(義)의 열매를 맺는 법을 배운다.

그들은 몸을 멸할 수 있는 자들을 두려워하지 않고 영혼을 멸할 수 있는 분을 두려워한다. 많은 그리스도인이 하나님의 원수들에 의해 죽임을 당했지만, 그들은 죽자마자 하나님과 함께 거했다. 원수들이 성도의 사체(死體)를 마치 오물(汚物)처럼 밖으로 내던져 버렸지만, 성도의 영혼은 즉시 하나님나라로 들려 올라갔다.

그러나 지금 우리는 어떠한가? 우리는 끝없이 위로 받기를 원하고 늘 마음 편한 것을 추구한다. 긴장을 풀고 속 편하게 사는 것이 우리의 목표가 되어버렸다. 이런 삶이 우리가 사는 이 악한 시대에 바람직한 삶의 본보기로 제시되어 왔다. 참으로 한심한 노릇이다!

우리는 우리 주님이 "간고를 많이 겪었으며 질고를 아는"(사 53:3) 분이시라는 사실을 종종 잊어버린다. 우리는 슬픔과 고통이 마치 화살처럼 그분의 어머니 마리아의 마음을 관통했다는 것을 망각하고 있다. 그리고 요한을 제외한 모든 사도가 순교했다는 것을 잊고 있다. 또한 우리는 기독교 초기의 처음 두 세대 동안 수많은 그리스도인들이 죽임을 당했다는 사실을 잊고 있다. 그들은 감옥에서 극도로 쇠약해져서 굶어죽거나 절벽에서 던져졌으며 사자의 밥이 되었다. 원수들은 그들을 자루에 넣어 죽였고, 바다에 던져 죽였다.

그렇다! 초대교회의 훌륭한 성도들이 대부분 마음이 불편했다는 사실을 우리는 덮어 두고 싶어 한다. 사실 그들은 마음의 평안을 구하지 않았다. 그들은 전쟁터에 나가는 군사가 편히 쉬러가는 것이 아니라 싸우러간다는 사실을 잘 알았다. 그들은 죄와 불법에 대항하여 무섭게 전개되는 싸움에서 하나님의 군사로서 주 예수 그리스도와 함께 싸워야 하는 자신의 처지를 받아들였다. 그들의 싸움은 사람들에 맞서는 싸움이 아니라 죄와 허물과 악한 영에 대항하는 싸움이었다.

영적 싸움에 임한 그들에게는 수없는 고뇌와 상심(傷心), 고통스러운 상처, 끝없이 흐르는 눈물 그리고 죽음이 뒤따랐다.

그러나 안락한 생활보다 더 중요한 것이 있다. 그리스도의 추종자들은 이것을 찾아야 한다. 물질은 넘치지만 영적으로 빈한한 이 시대의 그리스도인들은 이것을 발견해야 한다. 다시 말하지만, 안락함보다 더 중요한 것이 있다.

지름길은 없다

우리 개신교인은 연단과 고난이라는 것이 있다는 사실조차 까맣게 잊어버렸다. 오늘날 우리의 경제 제도는 과거에 비해 풍족한 삶을 우리에게 선사한다. 우리의 정치 체제에서는 법(法)의 눈치를 보지 않으면서 원하는 대로 믿을 수 있고 원하지 않으면 아무것도 믿지 않아도 된다. 이런 경제 제도와 정치 체제에 살면서 우리는 '달콤한 포도주의 종교'를 만들어냈다. 그리고 취해서 기분 좋게 돌아다닐 수 있을 것이라는 기대감에서 이 포도주를 마음껏 들이킨다.

그렇다면 하나님께서 수많은 사람에게 주기를 원하시는 것이 바로 이런 것일까?

결코 그렇지 않다! 오히려 그분은 "사랑과 희락과 화평과 오래 참음과 자비와 양선과 충성과 온유와 절제"(갈 5:22,23)라는 성령의 열매를 주기를 원하신다. 사도 바울은 에베소 교인들에게 이렇게 가르쳤다.

"너희는 모든 악독과 노함과 분냄과 떠드는 것과 훼방하는 것을 모든 악의와 함께 버리고 서로 인자하게 하며 불쌍히 여기며 서로 용서하기를 하나님이 그리스도 안에서 너희를 용서하심과 같이 하라"(엡 4:31,32).

그러면서 바울은 이러한 삶이 우리 모두에게 가능하도록 하나님께서 우리 안에서 무엇인가 행하기를 원하신다고 분명히 밝혔다.

하나님께서는 구속(救贖)함 받은 자가 그의 삶 속에서 그리스도의 형상을 이루도록 역사하신다. 이것이 그분이 원하시는 것이다. 우리를 행복하게 해주는 것이 하나님의 계획이 아니다 (물론 우리에게 그리스도의 형상이 이루어지면, 아마도 우리는 행복해질 것이다). 인간의 문명을 안전하게 지켜주는 것이 아버지의 계획도 아니다(물론 그리스도의 형상을 닮은 사람들이 이 세상에 많이 생기면, 문명이 안전하게 존속될 가능성이 더 높아질 것이다).

우리의 문제가 무엇인가? 지름길로 가서 기독교의 열매를 얻으려는 것이 우리의 문제이다. 물론 그리스도인들은 사랑과 희락과 화평과 오래 참음과 자비와 양선과 충성과 온유와 절제를 원한다. 그리고 진리 안에서 하나님과 동행하는 신령한 사람이 되기를 원한다.

그렇다면 어떻게 해야 그렇게 될 수 있을까? 무릇 꽃을 피우고 열매를 맺는 나무에는 반드시 줄기가 있고, 줄기 아래에는 뿌리가 있다. 그러므로 꽃을 보고 열매를 따기를 원하는 사람은 미리미리 뿌리와 줄기를 정성스럽게 가꾸어야 한다. 공을 들이지 않고도 마술 따위를 부려 꽃과 열매와 향기를 얻을 수 있다고 착각하지 말라!

긴장을 풀고 안락하고 게으르게 사는 삶보다 더 멋진 삶이 있다. 사도 바울은 이것에 대해 권위 있게 말한다.

"그러므로 사랑을 입은 자녀같이 너희는 하나님을 본받는 자가 되고 그리스도께서 너희를 사랑하신 것같이 너희도 사랑 가운데서 행하라 그는 우리를 위하여 자신을 버리사 향기로운 제물과 생축으로 하나님께 드리셨느니라"(엡 5:1,2).

바울의 교훈에 따라 살 때 당신의 삶에서 그리스도의 형상이 드러난다. 당신의 이웃은 당신에게서 그리스도의 형상이 나타나기를 원한다.

이제 나는 아주 실제적이고 현실적인 이야기를 하고 싶다. 다시 말해서, 참된 그리스도인의 삶을 지탱하기 위해 필요한 뿌리라고 여겨지는 몇 가지를 언급하려고 한다. 왜냐하면 이러한 뿌리에서 깊은 영성(靈性)의 꽃이 피어나고 열매가 맺히기 때문이다.

성실과 충성

우선 언급하고 싶은 신령한 뿌리는 하나님과 그분의 교회(이 땅에 있는 그리스도의 몸)를 향한 성실과 충성이다.

자기 교파의 성실성을 자랑하는 성도들이 많지만, 나는 그런 것보다 더 크고 근본적인 것에 대해 질문하고 싶다. 그것은 바로 '그리스도의 뜻과 진리를 위해 자신을 희생할 수 있을 정도로 주님께 성실한가'이다. 그런데 유감스럽게도, 오늘날 대부분의 교회에서 이러한 성실이 무너지고 있다는 징후가 나타난다. 주(主, Lord)와 구주(救主, Savior)이신 예수 그리스도께 온전히 성실하고 그분을 위해 고난도 받을 각오가 되어 있는 성도가 교회마다 적어도 몇 명씩은 있어야 한다.

성실은 충성과 밀접한 관련이 있다. 예수님은 충성된 자에게 하나님의 보답이 주어진다고 약속하셨다. 이 약속을 기억할 때 우리는 큰 유익을 얻을 수 있다. 예수님은 천국에 관한 비유로, 먼 나라에 갔다 돌아온 주인과 그의 충성스러운 종의 이야기를 드셨다. 주인은 돌아와서 그의 종에게 "충성된 종아 네가 … 네 주인의 즐거움에 참예할지어다"(마 25:21)라고 말했다.

물론 '충성'이 귀에 솔깃하고 흥미진진한 주제가 아니라는 것을 잘 안다. 많은 그리스도인이 단순히 충성하는 것에는 만족하지 못하고 좀 더 멋진 재능의 일을 맡고 싶어 한다. 심지어 교회에서도 개인의 명성(名聲)을 매우 중요하고 또 필요한 것으로 여긴다. 그렇기 때문에 사람들은 남들에게 인정을 받고 (어쩌면) 신문에 이름을 낼 수 있는 일을 하기를 원하는 경향이 있다. 그러나 나는 오직 한 분에게만 인정받기를 원하는 성실하고 충성스러운 그리스도인이 있다는 것에 대해 하나님께 감사한다. 이런 사람은 '주님의 날'에 주께 "충성된 종아 네가 네 주인의 즐거움에 참예할지어다"라는 말씀을 듣는 것으로 만족한다.

우리는 복음을 증거하여 꾸준히 열매 맺는 삶을 사는 하나님 자녀들의 공통점을 발견할 수 있다. 그것은 바로 성실과 충성의 뿌리이다. 이것은 너무나 분명한 사실이다.

주님을 사랑하고 섬기는 사람들에게는 충성심이 필요하다고 예수께서 늘 강조하셨음을 우리는 하나님의 말씀을 통해 알 수 있다.

노아는 당대에 충성스러운 사람이었다. 만일 늙은 노아가 야구팬이었거나 일찍 은퇴를 했거나 하나님의 일보다 다른 어떤 것을 더 중요시했다면, 방주도 없고 인류가 존속되지도 못했을 것이다.

아브라함은 그의 시대에 하나님께 충성했다. 그러나 만일 그가 방랑하던 중에 우라늄이나 금을 발견해서 팔레스타인행(行)을 포기했다면, 그리하여 예수 그리스도가 나오실 이스라엘 민족이 탄생하지 못했다면, 원대한 하나님의 계획이 어떻게 되었겠는가?

만일 아브라함이 하나님의 약속을 무시하여 자신을 위해 작은 도시를 만들고 그곳의 시장(市長)이 되어 그 땅의 기름진 음식에 도취되어 살았다면, 지금 우리는 어디에 있겠는가?

모세는 그의 시대에 충성했다. 모세가 하나님의 사람으로서 그의 시대에 충성스럽게 봉사했다는 것에 대해 성경은 분명히 증거한다.

"모세는 … 도리어 하나님의 백성과 함께 고난 받기를 잠시 죄악의 낙을 누리는 것보다 더 좋아하고 그리스도를 위하여 받는 능욕을 애굽의 모든 보화보다 더 큰 재물로 여겼으니 이는 상 주심을 바라봄이라"(히 11:24-26).

우리 구주 예수 그리스도의 충성에 대해서 말할 필요가 있을까? 주님을 둘러싼 온 세상이 그분에게 위협을 가했다. 사탄은 온갖 거짓말을 늘어놓으면서 그분이 십자가를 지지 않으면 천하를 다 주겠다고 유혹했다. 그러나 예수님은 아버지께 충성했고, 우리에게 성실함을 보이셨다. 그러므로 우리도 그분께 충성해야 한다! 충성은 영성을 생산하는 아주 놀라운 뿌리이다. 이 뿌리를 통해 신령한 열매가 많이 열린다.

정직과 양선

성경에는 성도들의 순전한 정직과 양선(良善)이 강조되어 있다. 이것들은 하나님께서 우리의 삶 속에서 깊이 살피시고 우리에게 요구하시는 영적 뿌리이다.

신뢰하고 존경할 수 있는 정직은 그리스도인의 삶에 핀 향기로운 꽃과 같다. 어느 날 갑자기 정직이 하늘에서 뚝 떨어지지 않는다. 정직은 영적으로 가꾸고 영양분을 공급한 후에 얻을 수 있는 꽃이요 향기이다. 심지어 그리스도인들 중에서 정직에 무관심한 사람들이 있다. 어떤 그리스도인들은 간증할 때에도 사실을 과장하여 말하는 죄를 범한다. 목회자들과 복음전도자들 중에도 그들의 집회의 성과와 참석인원을 과장하는 사람들이 있다.

어떤 이들은 이런 이야기를 농담으로 받아넘기며, 그들이 복음전도를 위해 그렇게 과장하는 것이라는 논리를 내세워 그들을 용서한다. 그러나 우리는 우리의 삶 속에서 정직을 통하여 하나님께 영광을 돌려야 한다. 그러므로 나는 "예배를 드리는 교회에서든 그 밖의 어디에서든 거짓말은 그것의 아비 사탄에게서 나온다"라고 자신 있게 말할 수 있다.

하나님의 일을 돕기 위해 소위 '경건한 거짓말'을 한다는 것은 있을 수 없다. 오히려 우리는 "진실을 말하여 사탄을 부끄럽게 하라"라는 격언을 따라야 한다. 그리스도인들끼리 어울릴 때에도 우리는 사람들에게 솔직하고 투명하다는 평판을 들어야 한다. 왜냐하면 정직은 다른 진정한 그리스도인의 미덕을 낳는 좋은 뿌리이기 때문이다.

초기 퀘이커파 신자들의 삶의 특징이 결코 거짓과 타협하지 않는 진실성이었다는 것을 당신은 아는가? 그들은 거짓말을 하지 않았고, 사실을 과장하여 말하지 않았다. 그들은 도둑질하지 않았고 아첨하지 않았다. 어떤 역사학자는 그들의 삶에 대해 이렇게 기록했다.

"퀘이커파 신자들은 그리스도께 속한 사람처럼 살기를 고집함으로써 기독교 세계를 깜짝 놀라게 했다."

영국에서 그들은 종종 핍박을 받았고, 일부는 감옥에서 쇠약해져 극심한 고통을 겪었다. 이것은 그들이 오직 하나님만을 높이면서 높임을 받을 자격이 없는 자들 앞에 무릎 꿇기를 거부했기 때문이다. 그리스도를 믿는다고 고백하는 사람들이 세상 사람들과 다름없이 살고 있을 때, 하나님을 공경하면서 정직한 삶을 사는 퀘이커파 신자들은 '이상한 사람' 취급을 받았다. 왜냐하면 그들은 그리스도인이 마땅히 행해야 하는 대로 살려고 노력했기 때문이다.

오늘날 위대한 사람이 되려고 꿈꾸는 사람은 많지만, 선한 사람이 되려고 고민하는 사람은 거의 없는 것 같다. 성경에는 선한 사람이 많이 등장한다. 그 중에서 대표적인 사람이 야베스이다. 구약의 두 구절에서만 등장하지만(대상 4:9,10) 그는 선한 삶을 살았다. 반면에 사울과 아합은 권력의 정상에 올라서 당대에는 위대하고 핵심적인 인물로 평가되었지만, 선한 사람의 반열에는 들지 못했다.

우리 주님은 언제나 위대함보다는 선함을 강조하셨다고 성경은 분명히 밝힌다. 본질적으로 인간에게는 선한 본성이 없다. 그렇기 때문에 예수 그리스도께서 이 땅에 오셔서 악인(惡人)을 선인(善人)으로 만드는 구원의 계획을 이루셨다. 그분은 우리가 과거에 지었던 죄를 다 씻어주시고, 우리를 거듭나게 하시고, 우리의 이름을 생명책에 기록하시고, 우리를 성부(聖父)께 인도하여 영생을 얻도록 하기 위해 죽으셨다.

그리스도께서는 우리를 선하게 만들기 위해 죽으셨다. 이것은 자유주의 신학을 따르는 말이 아니라 성경을 따르는 말이다. 이 땅에 살았던 어떤 그리스도인이 "그는 선한 사람이었고 성령충만했다"라고 평가 받는다면, 그것은 최고의 찬사이다.

거룩한 삶의 습관들

그렇다면 이제 이 모든 문제의 뿌리를 짚어보자. 우리 그리스도인들은 거룩한 삶의 습관들을 규칙적으로 실천하려는 의지가 있는가? 다시 말해서, 믿을 만하고 충성스럽고 그리스도를 닮은 이타적(利他的)인 그리스도인이 되기 위해 성령님께 배우려는 의지가 있는가?

들판의 곡식은 때에 따라 규칙적으로 알곡을 낸다. 각종 동물도 규칙적인 생활을 한다. 해가 뜨고 지는 데서, 달의 모양이 때에 따라 바뀌는 데서 자연의 규칙성이 나타난다.

구약의 계시에서도 규칙성이 잘 드러난다. 성전에 들어가려는 구약의 제사장은 그의 차례가 되었을 때에만 들어갈 수 있었다. 또한 성전의 모든 물건은 규칙에 따라 질서정연하게 배치되었다.

이와 마찬가지로 하나님께서는 그리스도인의 생활에서도 규칙성과 질서가 매우 중요한 역할을 하도록 정하셨다. 우리는 규칙적으로 기도하고 헌금을 드리고 봉사하고 교회에 출석하는 법을 배워야 한다. 그러나 많은 교인이 "나는 그리스도와 올바른 교리를 믿고 많은 영적 체험을 했다"라고 말한 후에는 망가져서 변덕스러운 신앙생활을 한다. 즉, 기도하고 싶은 마음이 생겨야 기도하고, 즉흥적인 감정에 따라 헌금하고, 날씨가 좋아야 교회에 나간다. 요컨대 그들의 신앙생활에는 규칙성이 없다. 그렇기 때문에 그들이 예배하러 나와도 그들에게서 성령의 달콤한 향기가 나지 않는 것이다.

성령의 향기가 없는 까닭은 그들이 뿌리를 소홀히 하여 꽃이 죽어버렸기 때문이다. 규칙성이라는 뿌리를 잊어버렸기 때문에 뿌리가 사라지고 꽃이 즉시 죽어버린다.

혹시 누군가 "나는 의무로부터 해방되고 규칙적으로 무엇인가를 해야 한다는 부담감에서 벗어나기 위해 기독교 신앙을 가진 사람입니다"라고 주장할지 모르겠다.

나는 이런 사람이 무엇인가 크게 잘못되었다고 말해야겠다. 이런 사람은 당장 성경을 덮고 그가 다니는 교회에서 빠져나오는 것이 좋겠다. 왜냐하면 그는 잘못된 교회에 출석하는 것이며, 잘못된 회중(會衆) 속에 앉아있는 것이며, 잘못된 관리 시스템에 의해 인도받고 있기 때문이다.

  하나님께서는 자신의 백성이 거룩한 습관들을 규칙적으로 익히고 날마다 그것에 따라 행하기를 원하신다. 물론 하나님은 우리가 습관의 노예가 되기를 원하시지 않는다. 다만 우리가 거룩한 습관을 따라 행함으로써 생활 속에서 주님의 은혜와 영광을 드러내기를 원하실 뿐이다.

세상에서의 신뢰성

  그리스도인의 삶에서 나타나야 하는 이런 규칙성과 질서는 신뢰성과 밀접한 관계가 있다. 신뢰성의 좋은 예도 역시 자연이다. 콩 심은 데 콩 나고 팥 심은 데 팥 나는 것이 자연의 법칙이다. 보리를 심으면 보리를 수확하지 밀이나 옥수수를 수확하지 않는다. 암탉의 날개 아래 달걀을 놓으면 병아리가 나오지 꿩의 새끼가 나오는 것은 아니다. 이렇듯 자연의 법칙은 그 종류대로 모든 것이 나오기 때문에 우리가 신뢰할 수 있다.

  자연은 모두 신뢰할 만하다. 인간만 빼고 말이다. 물론 인간 사회에서도 어느 정도의 신뢰성이 존재한다.

  당신의 차가 몇 번 고장 나면 당신은 그것을 처분하는데, 그 이유는 믿을 만한 다른 차를 원하기 때문이다. 여성들이 잘 알겠지만, 냉장고 또는 기타 냉동장치는 신뢰할 만해야 한다. 그렇지 않으면 알지 못하는 사이에 그 안에 넣어 둔 음식물이 상하게 된다.

사회의 금융제도는 우리에게 신뢰감을 심어주어야 한다. 그렇지 못하면 혼란이 생긴다. 만일 1달러 지폐가 시카고에서는 1달러의 가치를, 밀워키에서는 75센트의 가치를, 세인트루이스와 디트로이트에서는 32센트의 가치를 갖는다면 어떻게 될까? 이런 지폐라면 전혀 통용되지 못할 것이다.

신뢰성이 전제되어야 사회가 돌아간다. 우편이나 우유 배달도 그렇고, 학교도 마찬가지이다. 사회에서도 신뢰성이 유지되어야 한다. 그런데 인간 사회의 신뢰성에는 한계가 있다. 사람들은 대개의 경우에 반대급부를 얻기 위해 신뢰감을 주는 행동을 한다.

우유 배달부가 매일 아침 방문하는 것은 당신에게 자원 봉사를 하기 위함이 아니다. 급료를 받으려고 그렇게 하는 것이다. 우편집배원은 당신이 사랑하는 사람에게서 온 편지를 받도록 배려하는 마음에서 찾아오는 것이 아니다. 자기가 노동한 대가의 품삯을 받으려는 이유 때문이다! 자동차 제조업자가 신뢰감을 주는 차를 생산하는 것은 당신에게 차를 팔기 위함이다. 믿을 만한 차가 아니면 당신이 구입하지 않을 것이기 때문이다.

교회에서의 신뢰성

세상의 신뢰성에는 이토록 한계가 있지만 그래도 그럭저럭 세상에는 신뢰성이 살아 있다. 하지만 정작 교회에서는 신뢰성을 찾아보기 힘들다. 오직 하나님의 제단에서만 사람들을 신뢰할 수 없다는 사실은 우리를 슬프게 만든다. 믿을 만한 사람들을 성소(聖所)에서 발견하는 것이 왜 그토록 힘든가?

대부분의 교회에서는 신뢰성이라는 뿌리가 말라비틀어졌다. 신뢰성이 살아 있는 사람들은 소수의 충성스러운 사람들뿐이다. 그런데 그들은 충성스럽지 못하고 믿음직스럽지 못한 사람들에게 비난을 받는다. 전자(前者)는 교회에서 신뢰감을 줄 정도로 열심을 보이기 때문에 눈에 확 띈다. 그런 그들을 보고 후자(後者)는 그들이 교회에서 주도권을 쥐려고 열심을 보이는 것이라며 비난한다.

이제 나는 당신에게 묻고 싶다. 이런 질문은 사실 새롭거나 독창적이지도 않다. 지난 1년 동안 당신의 경건생활, 당신의 영적 습관, 당신의 교회 출석, 당신의 헌금생활 그리고 당신의 신뢰성의 모범은 어떠했는가?

당신 자신에게 솔직해져라. 그리고 자신에게 '이 교회의 모든 사람이 꼭 나만큼만 신뢰성을 보였다면, 지금 우리 교회는 어떻게 되었을까?'라고 물어보라.

당신은 무릎을 꿇고 눈물을 흘리며 이런 질문을 던져야 한다. 다시 말해서, 하나님께서 우리를 믿음직한 사람들로 만들어주시기를 간구하면서 스스로에게 물어야 한다. 누군가 당신에게 작은 일을 해달라고 부탁하면, 그것을 하라. 슬프게도, 멋지고 놀라운 일을 하려는 사람은 많아도 믿음직한 존재가 되기를 원하는 사람은 별로 없는 것 같다.

당신은 하나님의 교회에서 탁월한 재능을 요구하는 화려한 일, 즉 크고 위대한 일을 할 수 있을 때까지 기다리는가? 내가 볼 때 그런 때는 오지 않을 것이다. 설사 당신이 그런 일을 한다 할지라도 그것은 일시적인 용두사미(龍頭蛇尾), 아무 의미 없는 헛된 일, 지속성이 없는 일이 되고 말 것이다.

그리스도의 일을 할 때 묵묵히 신뢰성 있게 하는 사람이 왜 없는가?

아름다운 꽃은 보기에 좋고 냄새 맡기에 향기롭다. 그러나 그런 꽃은 거저 피지 않는다. 그런 꽃을 얻을 수 있는 까닭은 누군가 오랜 기간 동안 정원에서 흙 위에 무릎을 꿇고 열심히 작업했기 때문이다. 다시 말해서, 땅을 파고 비료를 주고 날씨를 살피고 건조할 때에는 물을 주면서 뿌리를 가꾸는 작업을 반복했기 때문이다.

그리스도인의 삶의 뿌리는 신뢰성이다. 베고니아(원산지가 아메리카이며 15~30센티미터까지 자란다) 줄기가 없으면 베고니아가 없듯이, 신뢰성이 없는 사람에게는 영성도 없다.

시간 엄수

신뢰성에 대한 말이 나오니 시간 엄수에 대한 얘기를 하지 않을 수 없다. 우선 결론부터 말하자면, 하나님의 일을 할 때 우리는 시간을 칼같이 지켜야 한다.

시간 엄수에 실패하면 철도 사고를 유발하고 배를 침몰시키고 기업을 부도낼 수도 있다. 이렇게 큰 재앙을 불러올 수도 있는 시간 엄수의 실패가 하나님의 제단에서는 너그러이 용납되는 것은 정말 이상한 일이다!

시간 엄수의 실패에 대해 걱정하는 목소리가 왜 교회에서는 들리지 않는가? 하나님의 일을 할 때 그토록 시간을 지키지 않는 교인들이 다른 경우에도 그렇게 한다면, 기업이 부도나고 가정경제가 파탄 나고 건강이 쇠약해질 것이다.

시간을 잘 지키는 것이 대단히 아름다운 일이지만 주일학교 교사들은 그것을 깨닫지 못한다. 교사들이 주일 아침에 제시간에 교회에 나오지 않을까봐 노심초사하느라고 머리가 허옇게 센 주일학교 부장들이 많다. 당신은 하나님의 일을 하려는가? 그렇다면 그것이 무슨 일이든 간에 시간을 정확히 지키는 아름다운 모습부터 보여라.

교회의 일은 거룩하다. 교회와 주일학교는 영원히 살 영혼들을 양육하는 중요한 일을 감당하는 곳이다. 교회는 영혼을 구원하고 인격을 성숙하게 만들고 하나님의 일을 감당한다.

오랜 세월 수없이 보고 들은 결과 나는, 시간을 지키지 못하는 사람들은 대개 경건하지 않다는 결론에 도달했다. 하나님과 하나님의 교회를 섬길 때에 시간을 지키지 못할 정도로 그토록 자기절제가 안 되고 그토록 이기적이고 그토록 타인(他人)의 시간에 대해 무감각하다면, 영성도 제대로 될 리가 없다. 다시 말하지만, 시간을 지키지 못하면 경건하게 될 수 없다.

돌발 상황에 대해서는 물론 변명의 여지가 있다. 예를 들어 급작스러운 사고 때문에 약속 시간을 지키지 못하는 경우가 그것에 해당한다. 그러나 지각을 자꾸 반복해서 완전히 습관이 되어버린 사람의 경우에는 변명의 여지가 없다.

'나는 지위가 높으니까 지각해도 괜찮아'라고 생각하는 사람이 있다면, 참으로 어처구니없는 일이다. 습관적으로 지각하는 사람은 거짓과 기만의 죄를 범한다. 왜냐하면 그런 사람은 제시간에 오겠다고 말하고는 약속을 지키지 않기 때문이다.

시간을 지키는 모습은 참으로 아름답다. 장미는 나무 없이 꽃을 피울 수 없다. 시간 엄수는 장미꽃을 피우는 나무와 같다.

그리스도인의 마음에 피는 사랑과 충성과 희락과 평안은 아름다운 꽃이다. 그리스도인의 성숙한 성품은 향기롭고, 거룩한 사람의 미소는 따뜻하다. 하지만 이런 것은 우연히 생기지 않고, 응석받이 기르듯이 '오냐오냐' 해서 생기지도 않는다. 어려운 일을 이겨내고 목에 멍에를 메는 사람은 영적인 꽃을 피운다. 그런 사람은 다음과 같이 외친다.

"나를 위해 돌아가신 그리스도를 위해 십자가의 멍에를 자진해서 메겠다."

위대한 사람이 되려고 애쓰지 말고 선하고 신령한 사람이 되는 것으로 만족하자. 위대한 능력을 갖춘 사람에게 위대한 사람이 되라고 하라! 우리는 순종과 기도와 말씀 묵상과 자기포기(自己抛棄)의 뿌리에서 선한 것이 자란다는 원리를 기억하면서 선한 사람이 되도록 힘쓰자.

chapter 03

등 두드려 주며 값싼 위로를 주는 신앙에 현혹되지 말라

그리스도의 교회는 등을 두드리며 위로해주는 곳이 아니다. 그곳은 진리가 선포되어지는 곳이다.
전능하신 하나님 앞에서 당신이 어떤 존재인지를 가르쳐주는 곳이 교회이다.

이 백성이 천천히 흐르는 실로아 물을 버리고 사 8:6

평온과 안식의 물

성경의 여러 곳에서 하나님은 그분이 전 인류에게 주기를 원하시는 은혜로운 생명의 구원을 설명하기 위해 시냇물의 비유를 드셨다. 왜냐하면 시냇물은 새 힘을 주고 생명을 유지시켜 주는 지극히 귀한 물이기 때문이다.

예수님은 "내가 너희에게 생수의 강을 주겠다"라고 약속하셨다. 물은 소생케 하고 정결케 하며 열매를 맺게 한다. 성경은 비유와 하나님의 은혜로운 초대를 통해 이러한 물에 대해 언급한다. 그 중 일부는 시(詩)로 표현된다.

성경의 마지막 장(章)인 요한계시록 22장에는 다음과 같은 말씀이 기록되어 있다.

"성령과 신부가 말씀하시기를 오라 하시는도다 듣는 자도 오라 할 것이요 목마른 자도 올 것이요 또 원하는 자는 값없이 생명수를 받으라 하시더라"(계 22:17).

이사야서 8장 6절은 "천천히 흐르는 실로아 물"에 대해 언급한다. 예루살렘 성(城)에서 계절에 상관없이 1년 내내 마르지 않는 유일한 시냇물이 실로아였다고 한다. 내가 볼 때, '실로아'라는 이름은 참으로 절묘하게 붙여진 이름 같다. 하나님께서 그렇게 이름을 붙이신 것이 틀림없다. 왜냐하면 실로아는 '평온'과 '안식'을 의미하기 때문이다. 실로아의 물은 평온의 물이다. 즉, 조용히 흐르는 평화로운 물이다.

물은 꼭 필요한 자원이다

성경은 중요한 것을 말할 때에는 반복법을 사용하는 경향을 보인다. 물이 인간에게 필요하고 가장 소중한 자산이라는 점을 분명히 밝히기 위해 성경은 역시 반복하여 그것을 말한다. 지구 표면의 4분의 3이 물로 덮여 있고, 인체의 약 70퍼센트가 물로 이루어졌다는 것은 이미 널리 알려진 사실이다.

우리가 날마다 섭취하는 음식에도 물이 많이 함유되어 있다. 물이 없다면 출생과 성장, 소화(消化)와 정화(淨化), 식물과 동물 그리고 공기도 없다. 지구 표면에서 물이 모두 사라진다면, 현재 우리에게 친숙하고 편안한 이 지구는 시꺼멓게 타버린 해골과 같이 우주 속을 끝없이 떠돌아다닐 것이다.

물과 관련된 이런 과학적 사실도 중요하지만, 더 중요한 것은 모든 농부와 정원사들이 물이 없으면 살 수 없다는 사실이다.

이런 얘기를 하니까 내 어릴 적이 생각난다. 어릴 적에 나는 들판에 온통 덮인 눈으로 겨울 밀과 호밀이 얼어 죽을 것이라고 생각했다. 하지만 내 아버지는 들판이 많은 눈으로 덮일 때마다 감사하곤 했다(그 분이 어떤 특정한 존재에게 감사를 표현한 것은 아니었다). 왜냐하면 겨울에 눈이 많이 오면 땅을 덮어서 따뜻하게 해주어 봄의 수확량이 늘어났고, 초봄에 눈이 서서히 녹으면서 땅의 습도를 알맞게 유지시켜주었기 때문이다!

미국의 일부 지역에서는 건조한 땅에 물을 얼마나 충분히 대주느냐에 따라 그곳의 수확량이 달라진다. 물이 없으면 열매와 수확을 기대할 수 없다는 것은 농부의 상식이다. 물이 충분히 공급되지 못하면 곡물과 과일 및 야채의 수확량이 급격히 감소한다. 목축을 업으로 삼는 사람에게도 물은 절대적으로 중요하다. 아무리 푸른 초장이 펼쳐진 곳이라 할지라도 동물들이 먹을 물이 없는 곳은 무용지물이다.

여행하는 사람은 안내인과 물 없이 사막으로 들어가는 것이 무엇을 의미하는지를 너무나 잘 안다. 그것은 곧 죽음을 가리킨다. 자살하려는 사람에게 가장 손쉬운 방법은 사하라 사막과 같은 큰 사막 중 하나를 택하여 안내인과 충분한 물 없이 무작정 그 속으로 걸어 들어가는 것이다(물론 이것이 자살 방법치고 고통이 적은 방법은 아니다).

물은 지극히 소중하다! 마치 우리의 피가 지극히 소중하듯이 말이다(우리의 피에서 상당한 부분을 차지하는 것도 역시 물이다). 사실 사막에서 죽는 사람뿐만 아니라 다른 곳에서 죽는 사람도 물을 못 마시기 때문에 '아무 말도 못하고' 죽는다. 죽는 사람이 물을 달라고 부르짖으며 죽는 경우가 없는 것은 참으로 묘한 일이다. 숨이 넘어가기 직전의 사람은 혀가 부어오르고 입이 마르고 입술이 갈라지기 때문에 물을 달라고 말할 수 없다고 한다. 그러므로 그냥 죽는 것이 아니라 '아무 말도 못하고 죽는 것'이다.

속사람에게 필요한 것들

성경에서 하나님은 고귀하고 필수적인 생명수의 강에 대해 거듭 언급하시는데, 이것은 속사람에게 필요한 영적인 것의 중요성을 강조하기 위함이다. 하나님은 사람들에게 그분의 진리와 권고에 주목하라고 끊임없이 말씀하신다. 이런 말씀 속에는 "시냇물이 너희의 외적(外的)인 육체의 행복과 건강과 성장을 위해 그토록 중요하다면, 너희의 불멸(不滅)의 부분, 곧 영혼을 위한 영적 생명수는 그것과 비교할 수 없을 정도로 중요하다. 그러므로 생명수의 강을 주겠다는 나의 제안을 받아들여라"라는 뜻이 담겨 있다.

현대에는 전 세계적으로 인간의 육체적 필요에 대한 관심이나 집착이 만연하고 있다. 인간의 몸에 대한 관심이 지금처럼 많았던 시대는 일찍이 없었다. 어떤 잡지나 정기간행물을 펼쳐 봐도 몸을 돌보는 것에 대한 기사와 조언은 눈에 많이 띄지만, 정신이나 영혼을 돌보는 것에 대한 이야깃거리는 별로 없다.

몸에 대한 사람들의 과도한 집착을 이용하여 돈을 벌어 부자가 된 사람이 많다. 사람들이 자기들의 몸을 가꾸고 돌보는 여러 방법에 대해 이야기를 할 때면, 줄리어스 1세의 명성이 떠오른다. 줄리어스 1세는 가축 전시회에서 스타로 떠오른 젊은 앵거스 황소(스코틀랜드 원산의 뿔 없는 검은 식용우)의 이름이다.

믿기 힘든 이야기겠지만, 줄리어스 1세의 소유자나 관리자는 그 녀석의 이빨을 매일 닦아준다고 한다. 또한 그들은 여자친구를 만나러 가는 젊은 청년이 머리를 빗질하듯이 그 녀석 이

마의 털을 빗어서 곱슬머리로 만들어준다고 한다. 그 녀석은 황소에 지나지 않지만 사람들은 그 녀석의 이빨을 닦아주고 머리털을 빗질해주고 체중 조절에까지 신경을 써준다. 그렇게 하는 이유는 그 녀석이 전시회에서 1등을 하도록 하기 위함이다.

인간이 살아가는 모습은 참으로 우스꽝스럽다! 그들은 외적 인간, 즉 신체에 너무나 집착하기 때문에 머리를 빗고 마사지하고 식이요법과 비타민 섭취에 난리를 치면서 몸을 관리한다. 그런데 한 가지 웃지 못할 아이러니가 나타난다. 줄리어스 1세는 가축 경매에서 1,500만원(이것은 토저 당시의 금액을 의미하므로 지금으로 환산하면 훨씬 더 고액이다 - 역자 주) 정도 가격이 나가지만, 당신도 알다시피 당신의 몸은 체력과 미모가 절정에 달한 한창 젊을 때에도 그 정도 가격이 나가지 않을 것이다!

진정으로 중요한 것은 속사람이다. 겉사람은 장차 죽어서 본래 그것의 재료가 되었던 흙으로 변하지만, 속사람은 신체가 죽어 사라진 후에도 영원히 산다. 당신이 그토록 신경을 쓰며 돌보는 당신의 육체는 눈에 보이는 장막(帳幕)에 불과하다.

사도 바울은 속사람의 중요성에 대해 강조한다. 그는 속사람을 새롭게 하기 위해 겉사람을 한 번에 조금씩 죽게 할 용의가 있다고 말한다. 성경 곳곳에서 하나님은 속사람의 중요성과 가치를 강조하신다. 물론 그분이 우리 신체에 관심을 갖지 않으시는 것은 아니다. "주는 몸을 위하시느니라"(고전 6:13)라는 말씀에서도 알 수 있듯이 성경은 육체를 얕보지 않는다. 영혼과 정신의 성경적 균형을 이해하는 것이 우리에게 큰 도움이 된다. 그러나 이 균형을 깨뜨리고 육체에만 모든 관심을 쏟으면서 집착한다면 본말(本末)이 뒤바뀐 것이다.

하나님은 우리의 외적 장막보다 속사람에 대해 훨씬 더 많은 관심을 갖고 계시다. 그렇기 때문에 그분은 감미로운 물, 즉 천천히 흐르는 실로아의 물을 우리에게 주신다. 이 물은 평온과 화평의 물이다. 그분은 속사람에게 이런 물을 주기를 원하신다. 속사람, 즉 영적 인간이 존재한다는 것은 정말 놀랍고 은혜로운 사실이다.

언젠가 야곱은 "내가 슬퍼하며 음부에 내려 아들에게로 가리라"(창 37:35)라고 말했다. 그러나 그가 실제로 죽었을 때 사람들은 그의 몸이 어디에 있는지 알았다. 야곱은 "내 몸이 가리라"라고 말하지 않았다. 그가 "내가 가리라"라고 말했을 때 여기서 '내가'는 속사람을 가리키는 말이다. 다시 말해 이것은 그의 영혼, 즉 진짜 야곱을 가리키는 말이다.

예수님은 십자가에서 "아버지여 내 영혼을 아버지 손에 부탁하나이다"(눅 23:46)라고 외치셨다. 사람들이 그분의 몸을 무덤에 장사 지냈고, 그분의 몸은 그곳에 3일을 머물렀다. 그러나 그분의 속사람, 즉 그분의 영혼은 하나님 아버지의 손에 맡겨졌던 것이다.

가롯 유다는 그가 갈 곳으로 갔다고 한다. 하지만 우리는 그의 몸이 어떻게 되었는지 잘 안다. 그의 몸은 밭에 묻혔다. 하지만 그는 그가 갈 곳으로 갔다. 그러므로 몸을 떠난 속사람으로서의 유다가 있었던 것이다. 야곱의 경우도 마찬가지이다. 몸을 떠난 야곱이 있었다. 예수님의 경우도, 몸을 떠난 예수님이 계셨다.

아브라함의 몸은 막벨라 굴 속에서 먼지에 뒤덮여 아주 오랜 세월이 지나도록 묻혀 있지만, 아브라함의 속사람은 지금 어디에 있는가? 부자는 죽은 후에 속사람의 눈을 들어 거지 나사로가 아브라함의 품에서 쉬고 있는 모습을 보았다. 부자는 낙원에 있는 아브라함을 알아보았다. 불멸(不滅)의 속사람 아브라함, 즉 진짜 아브라함은 낙원에 있는 것이다! 마찬가지로 진짜 나사로는 죽은 후 아브라함과 함께 있다.

우리가 이 땅에 속해 오랫동안 남을 속이고 있는 이 장막(帳幕)을 벗어버릴 때까지는 우리가 서로를 진정으로 알 수 없다. 이 말에는 깊은 의미가 담겨 있다. 사실 우리의 몸은 진짜 우리를 가려서 못 보게 만드는 장막과 같다. 우리는 서로 만나 악수를 하고 서로의 얼굴을 본다. 우리의 손과 얼굴은 육체일 뿐이다. 우리의 속사람은 이런 육체적인 것보다 더 깊이 있다. 진짜 우리는 눈에 보이는 것을 초월하여 존재한다.

예수께서 인간 세상 안으로 들어오신 사건은 우리에게 무슨 의미를 갖는가? 그분이 국가들 사이에 평화를 이루기 위해 오셨다고 오해하지 말라. 경제를 발전시켜서 우리가 더 좋은 음식을 먹고 더 안락한 침대에서 자고 더 멋진 집에서 살도록 하기 위해 오셨다고 착각하지 말라. 한순간이라도 그런 오해나 착각에 빠지지 말라.

성경은 예수께서 이 땅에 오신 목적을 분명히 밝힌다. 성경에 따르면 그분은, 우리 영혼이 잘 되도록 하기 위해 오셨다! 그분은 우리의 속사람, 즉 죽지 않는 영원한 부분이 잘 되도록 하기 위해 오셨다! 그리고 우리에게 생명의 샘을 열어주기 위해 죽으셨다. 이 샘물을 마신 사람은 영적 변화를 겪어 더 이상 이 세상의 덧없는 것을 향한 목마름과 굶주림에 사로잡히지 않는다.

이 물은 어떤 물인가?

이 물, 즉 천천히 흐르는 이 평온과 화평과 안식의 물은 어떤 물인가? 우리가 의식하지 못할지라도 하나님께서는 이 물이 어떤 물인지를 우리에게 알려주고 싶어 하신다. 이것이 사실이 아니라면, 나는 단지 꿈 같은 얘기로 당신을 즐겁게 해서 돈을 벌려는 사기꾼에 불과할 것이다.

나는 당신에게 이렇게 진지하게 묻고 싶다. 당신은 시(詩)와 비유와 은유를 모두 치워버리고 대신 근원적이고 영원하고 참된 것을 붙잡으면서 "하나님, 범죄한 영혼에게 긍휼과 죄 사함과 영생을 허락하신 것을 감사합니다"라고 고백할 수 없겠는가? 이렇게 고백한 사람은 다음과 같은 찬송가를 마음껏 부를 수 있을 것이다.

> 값없이 주는 생수로 영생을 얻으라
> 목마른 사람 오라고 주 말씀하셨네.
> 내 주가 주신 생수를 나 받아 마신 후
> 내 영혼 소생하였고 주 함께 살겠네.
> (찬송가 467장)

그렇다! 하나님은 자비를 베풀기를 정말로 원하신다. 그런데 인간의 큰 문제는 죄책감 없는 종교를 신봉하는 것이다. 죄책감 없는 종교는 하나님을 인간의 친구로 만들려고 애쓸 뿐이다. 그러나 이런 종교는 지옥을 피할 수 없다. 왜냐하면 그것을 믿는 모든 사람을 속이고 결국 멸망시키기 때문이다.

죄책감 없는 종교는 거짓 종교이다. 당신이 예수 그리스도께 나아가 죄를 고백하지 않고 단지 어떤 유익만을 얻으려 한다면 당신에게는 화가 임할 것이다. 과거 바리새인들의 경우처럼 말이다. 그러나 당신이 죄책감에 못 이겨 그분 앞으로 나아간다면 자비와 죄 사함을 얻게 될 것이다.

하나님의 자비는 너무나 광대하다! 우리는 그분의 자비를 찬양한다. 그런데 나는 우리가 왜 그런 찬양을 하는지 분명히 깨달았으면 좋겠다. 그것을 깨달을 때 우리는 "오, 깊고 깊은 하나님의 자비! 그 깊은 곳으로 들어가는 문을 나에게도 열어주소서!"라고 찬송할 수 있을 것이다.

자신의 죄를 깨닫고 고민하며 괴로워하는 사람에게 베풀어지는 하나님의 자비는 목마른 사람에게 부어지는 물과 같다. 영적 목마름에 시달리는 사람은 주 예수께 나아와 실로아의 긍휼의 물을 마실 수 있다.

친구여! 그대는 자신의 죄를 인정하지 않으면 결코 내적 평안을 맛볼 수 없다. 당신은 자신의 죄책감을 언제까지나 회피할 수 없다. 왜냐하면 당신에게는 양심이라는 것이 있기 때문이다. 죄책감이 제거되지 않는 한 당신은 결코 양심의 평안을 누릴 수 없다.

죄책감은 적절히 처리되고 제거되어야 한다. 죄책감 때문에 고민하는 당신에게 누군가 찾아와 당신을 위로해주고 당신에게 신학적 마사지를 해주며 "괜찮습니다. 걱정 마십시오"라고 말할지도 모른다. 그러나 그렇다고 해서 죄책감과 정죄에서 벗어날 수 있는 것은 아니다. 종교를 통해 용서 받았다고 믿었던 죄가 다시 당신을 찾아와 괴롭힐 것이다.

오직 구주 예수 그리스도만이 당신의 죄를 용서하고 죄책감에서 해방시켜주실 수 있다. 그분이 용서한 죄가 다시 찾아와 당신을 괴롭히는 일은 결코 없을 것이다. 하늘이 두 쪽이 나도 없을 것이다! 왜냐하면 당신은 하나님의 자녀가 되었기 때문이다. 그분은 당신의 죄를 용서하고 잊어버리신다. 그분이 당신의 죄의 짐을 다 치워버리시기 때문에 죄책감은 더 이상 존재하지 않는다.

하나님께서는 우리의 죄를 기억하지 않겠다고 약속하셨다. 우리가 잘 알듯이, 그분은 모든 것을 기억할 수 있는 분이시다. 그렇다면 우리는 "그분이 우리의 죄를 기억하지 않으신다"라는 말씀을 어떻게 이해해야 하는가? 이 말씀을 이해할 수 있는 유일한 방법은 그분이 우리의 죄를 없애버리셨다고 해석하는 것이다. 그분이 용서하신 죄는 더 이상 실체조차 존재하지 않는다. 영원히 사라져버린다!

죄를 덮어주는 것은 불가능하다

종종 그리스도인들은 "죄를 덮어준다"라는 표현을 사용한다. 나 자신도 이런 표현을 흔히 썼다. 그러나 이것은 어디까지나 비유적인 표현일 뿐이다. 엄밀히 말해서 죄를 덮어주는 것은 불가능하다. 죄인은 깨끗케 되어야 한다. 내 설명을 들어보라. 구약시대에는 죄가 덮어졌다. 왜냐하면 그것은 어린양이 와서 십자가에서 죽으실 때를 기다리는 입장이었기 때문이다. 그러나 신약시대의 죄인은 그리스도께서 피를 흘려 구속(救贖)을 이루신 십자가를 되돌아본다. 그러므로 신약시대에는 죄가 덮여지는 것이 아니다. 죄가 용서되고 깨끗케 되는 것이다. 그렇기 때문에 그리스도인이 내적 평안과 기쁨을 누릴 수 있는 것이다.

그렇다! 영적 가난에 시달리고 영적으로 파산(破産)한 죄인에게 은혜와 자비의 강물이 흐른다. 우리 주 예수 그리스도의 은혜는 그들에게 실로아의 물처럼 흐른다. 언제든지 달려가서 마실 수 있는 자비의 시냇물이 조용히 흐르고 있다!

당신은 양들이 급하고 세게 흐르는 물을 마시지 못한다는 사실을 아는가? 양은 입과 콧구멍 사이의 간격이 너무 짧기 때문에 물살이 센 곳에서 물을 마시려고 하다가는 물이 콧구멍으로 흘러들어가 질식사할 수도 있다. 양에게 물을 먹이려면 급히 흐르는 물을 막아 잔잔한 웅덩이를 만들어주어야 한다. 그렇게 해주면 양이 입을 물에 담그고 물을 마셔도 숨이 막히지 않게 된다. 다윗은 주께서 우리의 목자이시라고 말하면서 이렇게 찬양했다.

"그가 나를 푸른 초장에 누이시며 쉴 만한(잔잔한) 물가으로 인도하시는도다"(시 23:2).

하나님의 은혜는 잔잔하고 조용한 물웅덩이와 같다. 이 물은 너무나 천천히 흐른다. 그러나 하나님을 믿는다고 고백하는 자들이 하나님의 은혜를 악용하여 왔다. 현대인들은 하나님의 은혜를 주물(呪物)로 전락시켜 숭배의 대상으로 만들어버렸다. 사람들은 자기가 어떤 존재인지를 은폐하기 위해 하나님의 은혜를 이용했다. 하나님의 은혜에 대해 잘못 전했기 때문에 설교자들은 영혼을 구원하기보다 오히려 멸망시켰다. 그렇지만 그분의 은혜는 여전히 거저 주어지는 온전한 물이다.

만일 하나님께서 우리에게 자비와 은혜를 베풀지 않고 우리의 행함에 합당하게 대우하신다면, 그분은 한 가지 선택만 하실 것이다. 그것은 우리가 이 세상에 있을 때에 우리에게 진노의 얼굴을 드시고, 우리가 음부에 떨어지면 우리에게서 완전히 등을 돌리시는 것이다. 이것은 역사상 가장 훌륭했던 인간에게도 마찬가지이다.

그러나 하나님은 은혜의 하나님이시다. 그분은 예수 그리스도를 통한 구원의 계획을 갖고 계시기 때문에 우리의 행위대로 우리에게 갚으시지 않고 오히려 풍성한 은혜를 베푸신다. 우리의 죄가 산더미처럼 쌓여 있다 할지라도 하나님의 은혜 때문에 우리는 용서를 받는다. 그분은 더러운 자를 깨끗하게 씻으신다. 하나님은 이러한 자비롭고 만족스러운 방법으로 우리를 정결케 하신다. 이것은 단지 신학의 추상적인 이론이 아니라 우리 주님이 친히 가르쳐주신 놀라운 진리이다.

보혈의 능력

언젠가 나는 한 잡지를 보았다. 잡지의 표지에는 네 사람이 등장했다. 그것은 좀 특이한 사진이었다. 네 사람 중 가장 젊은 사람은 감옥에서 그리스도를 영접하고 출소한 후 첫 설교를 하는 사람이었다. 구속함을 받고 회심하게 된 그는 복음전도에 헌신하는 예수님의 제자로 변했다. 다른 한 사람은 이 젊은이가 설교하는 교회의 목회자였고, 또 한 사람은 그를 기소했던 검사였으며, 나머지 한 사람은 유죄 판결을 내려 그를 감옥에 보냈던 판사였다. 판사와 검사들 중에 많은 이들은 사회적인 범죄자가 어린양의 피로 깨끗함을 받고 행복하고 의미 있는 삶으로 복귀할 수 있다고 믿는다. 다시 말해서, 그들이 그리스도의 능력을 인정한다는 얘기이다. 이러한 그리스도의 능력은 삶을 변화시키고 더러움을 씻어주며 인격을 성숙하게 만들어준다.

차량 절도범이었던 사람이 이제는 만면에 미소를 지으며 손에 성경책을 펼쳐들고 복음의 능력을 증거하는 모습은 정말로 아름다운 광경이다!

어떤 사람은 어떻게 그런 일이 가능하냐고 묻는다. 그런 일은 가능하다! 왜냐하면 예수 그리스도의 보혈이 우리의 모든 죄를 씻어주었기 때문이다! 죄인을 깨끗이 씻어 선한 사람으로 만들 수 있는 불 같은 능력이 기독교의 메시지에 들어있기 때문이다!

이런 복음의 능력을 잘 아는 나로서는 다음과 같이 공언(公言)하는 바이다.

"나는 차라리 차량 절도범 출신의 전도자에게 설득 당하는 편을 택하겠다. 나는 기독교를 '위로의 심리학'으로 변질시킨 점잖은 지식인들에게 속아 사망에 이를 수는 없다."

이런 점잖은 지식인들이 다니는 교회에서는 "이곳에 와서 위로를 받으십시오"라고 광고하면서 사람들을 현혹한다. 그러나 그리스도의 교회는 등을 두드리며 위로해주는 곳이 아니다. 그곳은 진리가 선포되어지는 곳이다. 전능하신 하나님 앞에서 당신이 어떤 존재인지를 가르쳐주는 곳이 교회이다.

최근에 어떤 두 사람이 나를 찾아와 이렇게 말했다.

"개인적으로 목사님께 드릴 말씀이 있습니다. 목사님의 설교를 듣고 우리는 산산이 부서졌고, 우리 자신이 영적으로 얼마나 가련한 존재인지를 깨닫게 되었습니다. 이제 우리는 하나님께서 우리를 위해 준비하신 더 멋진 것을 발견하기를 원합니다."

그들은 교회가 위로의 장사를 하는 곳이 아님을 깨닫게 되었던 것이다!

이런 일은 매우 귀하고 아름답다. 나는 이런 일이 일어나도록 하나님께서 나를 사용하시는 것에 감사할 따름이다. 모든 영적인 문제를 위로를 통해 해결받으려는 목적으로 그리스도와 그분의 교회를 찾는 교인이 있어서는 안 된다. 교인들이 오직 위로만을 원한다면, 설교자는 "자장, 자장, 이 젖병을 물고 잠들려무나!"라고 자장가를 부르며 그들을 잠재우면 될 것이다.

기독교의 기준을 낮추지 말라

오늘날 우리 주변을 둘러보라. 갑자기 심장마비에 걸려 세상을 떠나는 사람이 보이지 않는가? 이런 사람의 영혼은 어떻게 되는가? 그는 어디로 가는가? 우리는 이런 질문에 대한 답을 할 수 있어야 한다. 그리스도를 따른다는 사람은 죄에서 떠나 하나님과 올바른 관계를 맺고 성령님 안에서 거룩하게 살 수 있는 방법이 무엇인지를 강구해야 한다.

우리는 언제나 선택과 결정에 직면한다. 왜냐하면 사랑으로 충만하신 영원한 하나님께서 자비와 인내 가운데 지금 이 순간에도 우리에게 찾아오시기 때문이다.

일부 사람들은 나에게 이렇게 말한다.

"우리는 목사님의 교회에서 예배할 수 없습니다. 목사님은 너무 엄격하십니다. 목사님의 기준은 요즘 사람들이 감당하기에는 너무 엄격하고, 목사님의 메시지는 너무 날카롭습니다."

목회자로서 나는 이런 사람들에게 이렇게밖에 말할 수 없다.

"그렇다면, 안녕히 가십시오."

내가 미안하게 생각하는 유일한 한 가지는 내가 아직도 성경만큼 엄격하지 못하다는 것이다. 나는 아직도 내가 성경의 기준에 도달하지 못했다고 고백할 수 있다. 물론 노력은 하지만 아직은 성경만큼 엄격하지 못하다.

때때로 우리는 "전 다른 교회를 찾아야겠습니다. 대충대충 신앙생활을 할 수 있는 교회나 저를 아주 잘 위로해줄 수 있는 교회 말입니다"라고 말하는 사람에게 작별인사를 해야 한다.

예수님은 무엇이라고 말씀하시는가? 모든 것을 버리고 전심으로 주님을 따를 각오가 없으면 주님의 제자가 될 수 없고, 주님을 위해 죽을 각오가 없으면 그분을 위해 살 수도 없다고 하신다. 머지않아 우리를 부르시는 하나님의 음성이 들릴 것이다. 그러면 우리는 그분 앞에 나아가 우리가 이 땅에서 하나님의 일을 어떻게 감당했는지, 예수님의 말씀을 얼마나 실천했는지 고해야 할 것이다. 그러므로 우리는 교회에 속해 있으면서도 여전히 지옥에 가기를 원하는 사람들의 관심을 끌기 위해 기독교의 기준을 낮출 수 없다.

자기 사랑에 빠진 육신적인 사람들이 교회로 들어와 젊은이들의 무리를 장악하고 영성의 엄격한 기준을 무너뜨리려고 시도한 일이 과거에 몇 번 있었다. 나는 이런 자들이 왜 교회에 나오는지 이해할 수 없다. 만일 내가 오직 먹고 마시고 즐겁게 사는 것을 인생의 목표로 삼았다면 이들처럼 교회로 가지는 않을 것이다. 다시 말해서, 예수 그리스도와 그분의 구원의 복음에 헌신하는 사람들이 모이는 곳을 찾지 않을 것이라는 말이다. 만의 하나 내가 교회에 간다 할지라도 차라리 교회 보일러실로 가서 집회가 끝날 때까지 그곳에 있을 것이다.

심판의 급류

하나님의 교회에 와서 기독교의 진리에 대해 알기를 원하는 사람을 볼 때 나는 하나님께 감사를 드린다. 그들은 단순히 마음을 위로해주는 종교적 메시지를 듣기를 원하지 않는다. 예수 그리스도의 보혈이 죄를 깨끗이 씻어준다는 것이 기독교의 진리이다! 기독교는 정결케 하는 종교이다. 기독교는 성령의 종교이다. 하나님의 거룩한 영은 우리에게 실로아 물의 평온과 화평을 선사한다.

살아 계신 하나님은 우리를 시냇물로 초대하신다. 이 물은 세상에서 유일하게 1년 내내 결코 마르지 않는 물이다. 격렬하게 흘러 넘쳐 주변의 것을 파괴하지 않는 물은 세상에 이 물밖에 없다.

이사야 선지자는 여호와께서 허락하신 물을 이스라엘 백성들이 거부하는 모습을 보고 믿을 수 없다는 듯이 이렇게 말한다.

"어떻게 그럴 수 있을까? 이스라엘이 여호와께서 보내신 실로아의 천천히 흐르는 물을 거부하다니? 마음과 양심에 평안을 주는 치유의 물을 거부하다니? 어떻게 이런 물을 거부하고 대신 그들과 똑같은 인간을 의지할 수 있는가?"

그런 다음에 이사야는 하나님으로부터 온 평온과 화평의 시냇물을 거부한 자에게는 '심판의 급류'(急流)만이 기다리고 있다고 경고했다.

"이 백성이 천천히 흐르는 실로아 물을 버리고 르신과 르말리야의 아들을 기뻐하나니 그러므로 주 내가 흉용하고 창일한 큰 하수 곧 앗수르 왕과 그의 모든 위력으로 그들 위에 덮을 것이라 그 모든 곬에 차고 모든 언덕에 넘쳐 흘러 유다에 들어와서 창일하고 목에까지 미치리라"(사 8:6-8).

　나는 지금 내가 이사야의 경고에 대해 예민하게 반응하거나 극단적으로 말하고 있다고 생각하지 않는다. 신약성경에 기록된 우리 주 예수 그리스도의 말씀에 비추어 이사야의 엄중한 경고를 완화해야 한다고 생각하지 말라. 왜냐하면 "아버지께서 심판을 다 아들에게 맡기셨으니"(요 5:22)라고 말씀하신 장본인이 바로 예수님이기 때문이다. 아직도 우리는 장차 임할 심판에 대해 하나님께서 원하시는 만큼의 충분한 경각심을 느끼지 못하고 있다.

W. TOZER
2부 값싼 복음에 속지 말라
WHO PUT JESUS ON THE CROSS?

■■■ 우리는 사람들에게 "그리스도를 영접하십시오"라고 말하느라 바쁘다. 우리는 사람들에게 이 말만을 하는 것 같다. 그리고 '고통 없는 그리스도 영접'을 제공한다. 우리는 사람들에게 이 세상에서 가장 쉬운 일이 그리스도를 영접하는 것이라고 말한다. 우리의 주(Lord)와 구주(Savior)이신 예수 그리스도께 온전히 굴복하는 일이 무엇을 의미하는지에 대해 전혀 언급하지 않는 기독교 신학은 도대체 어떻게 된 것인가?

chapter 04

앵무새도 "나는 믿습니다"라고 고백하면 구원을 받는가?

진리에 대해 스스로 연구하지 않고 단지 다른 사람들이 떠먹여주는 진리를 받아먹기만을 원한다면, 우리는 "나는 믿습니다! 나는 믿습니다!"를 반복하는 앵무새 그리스도인에 지나지 않을 것이다.

내 아버지 집에 거할 곳이 많도다 그렇지 않으면 너희에게 일렀으리라 내가 너희를 위하여 처소를 예비하러 가노니 요 14:2

천국에 대한 흥미를 잃지 말라

예수 그리스도를 따르는 자들이 천국에 대한 흥미를 잃으면 그들은 더 이상 행복한 그리스도인이 될 수 없다. 그리고 기쁨이 없는 그리스도인은 죄 많고 슬픈 세상에서 아무 힘도 발휘할 수 없다. 분명히 말할 수 있는 것은 이것이다. 즉, 장차 도래할 천국에 대한 구주의 약속에 열광하지 않는 그리스도인은 능력 있는 신앙생활을 할 수 없고, 이 세상에서 증인의 역할을 충실히 감당할 수도 없다.

나는 옛날의 천막 집회에서 성도들이 즐겨 부르던 노래들을 좋아한다. 왜냐하면 그 노래들은 어린양께서 친히 빛이 되시기 때문에 더 이상 해와 달이 필요하지 않다는, 저 천국 본향에 대한 약속을 즐거워했던 능력 있는 그리스도인들의 기쁨을 표현하기 때문이다. 그 열심 있는 영혼들은 현재 우리 주변에서 볼 수 있는 점잖은 신학자들보다 훨씬 더 천국에 가까웠다. 왜냐하면 현대 신학자들은 우리가 미래의 본향을 확신하며 기쁨 가운데 기대하는 것을 어느 정도 경계하기 때문이다.

하나님께서는 자신의 영광을 드러내기 위해 만물을 창조하셨으며, 인간이 하나님의 영광을 드러낼 수 있는 최고의 수단이 되도록 정하셨다고 성경은 분명히 가르친다. 이런 이유 때문에 하나님은 인간을 자신의 형상과 모양대로 지으셨다. 하나님의 형상과 모양대로 지음 받은 존재는 오직 인간뿐이다. '하나님의 형상과 모양대로'라는 말은 인간이 아닌 다른 어떤 피조물과 관련하여 사용되지 않는다.

가장 큰 규모의 재앙

인간은 지구에서 살도록 창조되었다. 이것은 틀림없는 사실이다. 인간은 알 수 없지만, 오직 하나님만이 아시는 이유 때문에 그분은 이 땅을 인간의 활동 무대로 선택하셨다. 그분은 이 땅에서 취한 흙으로 인간을 빚으시고, 우리의 본성이 이 땅의 조건에 적응하도록 만드셨다.

당신이 당신의 주변 환경에 적응하도록 만들어졌다는 사실에 대해 하던 일을 멈추고 하나님께 감사해본 적이 있는가? 당신은 달에서 살 수 없다. 내가 아는 한 인간은 어떤 천체(天體)에서도 살 수 없다. 오직 지구에서만 살 수 있다. 하나님은 우리가 이곳 지구에서 살 수 있도록 우리의 본성을 만드셨다. 마치 물고기가 물에서 살고 새가 공중에서 살도록 그것들의 본성을 만드셨듯이 말이다. 그분은 지구가 우리의 집과 정원, 작업장 그리고 침대가 되도록 정하셨다.

현재 우리가 볼 수 있는 지구의 조건은 하나님이 특별히 인류를 위해 창조하셨던 본래 지구의 조건과 엄청난 차이가 있다. 창조의 때나 지금이나 지구라는 물리적 형태는 똑같지만, 본래 그분이 지으신 것은 그분이 평화와 아름다움 가운데 인간과 동행하셨던 완전한 사랑의 에덴동산이었다. 그 임재의 아름다움 가운데 하나님께서는 천지를 창조하셨다. 그리고 그분의 빛이 이 땅에 비추었기 때문에 들판과 초원과 수목(樹木)과 풀밭이 영광과 거룩함으로 충만했다.

그러나 인간은 타락했다. 그 누구도 인간이 타락하여 그의 영광과 완전함을 잃어버렸다는 사실을 부정할 수는 없다. 그 누구도 이 사실을 믿지 못하도록 우리를 설득할 수 없다. 이미 많은 사람이 우리가 이 사실을 믿지 못하도록 수많은 주장을 내세웠지만, 우리가 타락한 존재인 것은 절대 부인할 수 없다.

인간의 타락은 커다란 도덕적 충격을 안겨주었다. 이 충격은 하나님의 마음에서, 지구의 모든 지역에서 그리고 인간의 몸과 영혼과 지성과 마음에서 느껴졌다.

'인간의 타락'은 하나님의 광대한 피조세계에서 일찍이 없었던 가장 큰 규모의 재앙이다. 이 재앙의 규모는 타락한 천사들이 받은 재앙의 규모보다 더 컸다. 타락한 천사들은 자기들의 신분을 망각하고 본래의 지위에 머물지 않았기 때문에 영원한 심판과 어둠의 구덩이로 던져졌다.

인간은 이 땅에서의 영원한 거주권(居住權)을 잃어버리고, 단지 잠시 동안만 이곳에 머무를 수 있게 되었다. 이것은 인간의 타락과 죄의 규모가 얼마나 큰지를 보여주는 현상이다.

클루니의 버나드(Bernard of Cluny, 12세기 클루니의 수사로서 긴 신앙의 시를 남겼다)는 다음과 같이 말했다.

"인간이여, 그대가 이곳에 잠깐 머무는 것이 그대의 운명이다."

그렇지만 인간이 이 땅에 잠시 머무는 것이 본디 하나님의 계획이 아니었다. 하나님께서는 이렇게 명령하고 약속하셨다.

"생육하고 번성하여 땅에 충만하라, 땅을 정복하라 … 내가 온 지면의 씨 맺는 모든 채소와 씨 가진 열매 맺는 모든 나무를 너희에게 주노니 너희 식물이 되리라"(창 1:28,29).

그분은 인간을 지구에게 맞도록, 지구를 인간에게 맞도록 적응시키셨다.

그러나 인간이 죄를 범하여 그의 거주권을 잃어버렸기 때문에 창조주께서는 다음과 같이 말씀하실 수밖에 없었다.

"너희는 이제 이곳에 잠깐 동안만 묵을 수 있다."

인간이 이 땅에 머무는 그 짧은 기간에도 그는 에덴동산의 평화와 사랑을 맛보지 못하고, 이 땅을 오염에 시달리게 한다. 어디 그뿐인가? 그 짧은 기간에도 인간은 각종 질병에 시달리고 수고와 슬픔과 필사(必死)의 운명을 멍에처럼 지고 살다가 결국 죽음을 맞이한다.

내가 필사의 운명과 죽음을 모두 언급하니까, 어떤 사람들은 이 둘이 똑같은 것인데 왜 굳이 반복하여 말하느냐고 문제 삼을지 모르겠다. 그러나 필사의 운명은 죽음을 선고받은 상태이고, 죽음은 그 선고가 실제로 집행되는 단계이다. 그러므로 이 둘은 엄연히 다르다. 필사의 운명은 죽음을 피할 수 없다는 사실을 알면서 죽음을 기다리는 것이고, 죽음은 최종적 사건이다.

역사를 보면, 유명한 정치범의 이야기가 전해진다. 정치범이 재판관 앞에 섰을 때 재판관이 그에게 물었다.

"선고를 내리기 전에 할 말이 있습니까?"

그는 대답했다.

"없습니다."

그러자 재판관은 진지한 말투로 천천히 말했다.

"나는 당신이 앞으로 어느 날 교수형에 처해질 것을 선고합니다. 당신에게 사형을 선고합니다."

바로 그때 이 정치범은 이렇게 말했다.

"존경하는 재판장님, 자연(自然)이 당신에게도 사형선고를 내렸습니다."

그리고는 위엄 있게 돌아서서 그의 감방으로 돌아갔다.

인류에게 지구는 필사의 운명과 죽음의 상징이자, 하나님의 임재와 평화와 낙원에 대한 상실의 상징이 되었다. 그러므로 진정한 성도는 이 땅에 대해 후한 점수를 주지 않는다. 신령한 생활과 그리스도를 향한 헌신이 성숙해질수록 우리는 이 땅의 것을 덜 원하게 된다. 어둠과 그림자, 공허한 약속과 실망, 거짓말과 속임수, 밤에 들리는 고통의 부르짖음과 슬픔 등… 이러한 것들이 하나님을 닮지 않은 이 땅의 부패성을 보여준다.

우리가 귀신이라고 부르는 저 괴상하고 섬뜩한 피조물은 하나님의 형상으로 만들어지지 않았다. 그들에게는 구속자(救贖

者)가 없다. "내가 하나님처럼 되겠다"라고 말한 아침의 아들 루시퍼(계명성)에게는 그를 타락에서 건져줄 구속이 허락되지 않는다. 왜냐하면 사탄은 하나님의 형상대로 창조되지 않았기 때문이다.

하나님은 자신이 '인간'이라고 불렀던 피조물만을 하나님의 형상과 모양에 따라 지으셨다. 그렇기 때문에 인간이 실패하고 범죄하고 타락했을 때 그분은 "내가 이제 내려가리라"라고 말씀하셨다. 하나님은 인간의 모양으로 우리에게 오셨다. 다시 말해서, 그분은 예수 그리스도의 성육신(成肉身)을 통해 우리 가운데 찾아오셨다.

"그는 육신으로 나타난 바 되시고"(딤전 3:16).

슬픔으로 가득한 섬과 같은 이 땅에 하나님께서 내려오셔서 우리의 죄를 떠맡아 우리를 구속하고 우리의 실패를 자신에게로 돌리셨다. 영광의 왕이요 성부(聖父)의 영원한 아들이신 예수 그리스도께서 죄와 세상을 이기고 승리하심으로써 모든 성도에게 하늘나라의 문을 활짝 열어주셨다.

이것이 바로 성경이 가르치는 것이다. 이것이 교회가 믿는 신조(信條)이다. 이것이 교회가 가르치는 속죄와 구원에 대한 기독교 교리의 핵심이다.

영혼의 도구

죽음과 부활과 승천의 단계를 이루신 예수 그리스도께서 현재 하시는 사역은 두 가지이다.

하나는 하늘에서 우리의 대언자(代言者) 역할을 하시는 것이다. 다시 말해서, 부활한 구주로서 하나님의 보좌 앞에서 대제사장의 역할을 감당하신다.

또 하나는 그분의 아버지, 즉 우리 아버지의 집에서 백성들의 처소를 마련하시는 일이다.

우리가 분명히 알아야 할 사실이 있는데, 그것은 바로 죄 때문에 우리의 몸과 영혼이 분리되었다는 것이다. 이 땅의 흙으로 빚어진 우리 몸은 이 땅에 적응하며 살도록 만들어졌다. 하나님께서 인간의 코에 생기를 불어넣으셨을 때 인간은 생령(生靈)이 되었다. 하나님의 형상을 따라 만들어진 것은 인간의 몸이 아니라 '인간을 인간답게 만들어주는 영혼'이다. 인간의 몸은 영혼이 드러나도록 돕는 도구에 불과하다. 몸은 그것 이외에 다른 역할을 가지고 있지 않다.

그러나 그렇다고 해서 우리 몸의 가치와 의미를 결코 과소평가해서는 안 된다. 하나님께서는 이렇게 놀랍도록 섬세하고 아름다운 도구인 몸을 우리에게 주시는 것이 적당하다고 판단하셨다. 만일 죄가 없다면, 인간의 몸의 아름다움과 위엄과 유용성에 대해 털끝만큼의 회의(懷疑)도 생기지 않을 것이다.

우리는 하나님께서 주신 몸을 업신여기고 비난하는 것이 겸손이라고 착각해서는 안 된다. 몸은 우리에게 충성스럽게 봉사한다. 하지만 몸 자체에는 아무 능력도, 아무 의지(意志)도 없다. 그리고 인체는 사고(思考)의 과정을 밟을 수 없다. 사고의 과정은 인간의 영혼, 마음 그리고 영(靈)에서 일어난다. 그러나 하나님께서는 사고할 수 있는 우리의 능력이 인체라는 도구를 통해 표현되고 빛을 발하도록 하셨다.

이 점에 대해 사도 바울은 다음과 같이 분명히 가르친다.

"그러므로 너희는 죄로 너희 죽을 몸에 왕노릇하지 못하게 하여 몸의 사욕을 순종치 말고 또한 너희 지체를 불의의 병기로 죄에게 드리지 말고 오직 너희 자신을 죽은 자 가운데서 다시 산 자같이 하나님께 드리며 너희 지체를 의의 병기로 하나님께 드리라 … 하나님께 감사하리로다 너희가 본래 죄의 종이더니 너희에게 전하여 준 바 교훈의 본을 마음으로 순종하여 죄에게서 해방되어 의에게 종이 되었느니라 너희 육신이 연약하므로 내가 사람의 예대로 말하노니 전에 너희가 너희 지체를 부정과 불법에 드려 불법에 이른 것같이 이제는 너희 지체를 의에게 종으로 드려 거룩함에 이르라"(롬 6:12,13,17-19).

앵무새 그리스도인

인간의 몸이 단지 도구에 불과하다는 사실을 깨닫는 것이 매우 중요하다. 어떤 이들은 "하나님께서는 악한 것과 접촉하지 않으신다. 그런데 인간의 몸은 악하다. 따라서 그리스도는 이 땅에 육체를 입고 오시지 않았다"라고 가르쳤다. 그들이 이렇게 잘못된 주장을 내세우는 것은 인간의 몸이 악하다는 잘못된 전제를 세웠기 때문이다. 자기의 힘으로 움직이지 못하는 물질에게는 악한 것이 없다. 물질 자체는 악하지 않다. 악은 영(靈) 안에 있다. 인간의 죄와 관련이 있는 것은 마음과 생각과 영혼 속에 있는 악이다. 몸이 악한 일에 동원되는 것은 오직 인간의 영이 악을 행하기 위해 몸을 사용하기 때문이다.

예를 들어보자. 서랍 속에 들어 있는 총은 해를 끼치지 못하는 물건이다. 사람들에게 부상을 입히거나 해를 끼칠 수 있는 능력이 총 자체에게는 없다. 그러나 분노에 사로잡힌 사람이 이 총을 손에 쥐면, 그는 총이라는 도구의 주인이 된다. 총이 고통과 죽음을 불러온다고 말하는 사람들이 있지만, 이런 말은 잘못된 것이다. 다른 사람에게 해를 끼치려는 동기와 결정은 총을 가진 사람의 감정과 의지에서 나온다. 총은 이런 악한 의도를 가진 자에게 도구로 사용될 뿐이다.

분노와 질투와 욕심이 극에 달했을 때 손을 사용하여 다른 사람의 목을 졸라 죽이는 사람들이 있다. 그들의 손이 타인을 죽인 것이지만, 사실은 손이 죽인 것이 아니다. 일그러진 영혼의 지시(指示)가 손에 전달되지 못하도록 차단해보라. 그러면 손은 전혀 움직이지 않고 무기력하게 있다가 결국 썩어버릴 것이다.

죄는 인간의 몸 안에 거하지 않는다. 몸 안에는 나쁜 것이 없다. 죄는 인간의 의지(意志) 안에 있는데, 사람이 죄를 지으려고 할 때 그는 해가 없고 자력(自力)이 없는 도구인 몸을 사용하여 그의 악한 목적을 이루려고 한다.

몸은 인간의 영과 관계없이 스스로 행동할 수 없다. 이러한 사실은 선한 진리이다. 여기서 언급하는 이 진리는 하늘에 있는 아버지의 집, 즉 정사각형 모양의 도성인 새 예루살렘에 우리를 위한 집이 많이 있다는 것을 말하기 위한 포석(布石)이다.

우리는 아버지께서 어떤 근거와 논리에서 자신의 자녀들에게 영원한 거처를 마련해주시는지 이해할 필요가 있다. 사실 나는 하나님의 진리를 아무 생각 없이 단지 앵무새처럼 반복하여 말하는 일부 그리스도인의 태도를 별로 좋아하지 않는다.

어떤 사람은 깊은 사색이나 이해 없이 모든 교리를 다 받아들이는 자신의 태도를 매우 신령하게 여긴다. 그런 사람들은 "예, 나는 그것을 믿습니다. 성경이 그렇게 말씀하시기 때문에 나는 그것을 믿지요"라고 말한다.

그러나 우리는 진리에 대해 묻는 사람들에게 충분한 답변을 해줄 수 있는 성숙한 그리스도인이 되어야 한다. 우리는 앵무새가 되어서는 안 된다. 애완동물 가게에 있는 앵무새에게 맛있는 음식을 주면서 요한복음 3장 16절이나 사도신경을 외우도록 훈련시킬 수는 있다. 진리에 대해 스스로 연구하지 않고 단지 다른 사람들이 떠먹여주는 진리를 받아먹기만을 원한다면, 우리는 "나는 믿습니다! 나는 믿습니다!"를 반복하는 앵무새 그리스도인에 지나지 않을 것이다.

나는 우리 그리스도인들이 신앙의 의미와 적용에 대해 깊이 생각하는 시간을 더욱 많이 가져야 한다고 생각한다. 전능하신 하나님께 도움을 구하라. 그러면 그분께서 과거에 왜 우리를 그렇게 대하셨는지, 왜 우리에게 밝은 미래를 약속하셨는지 깨닫게 될 것이다.

성경의 교훈에 따르면, 몸은 영과 관계없이 행동할 수 없지만 영은 몸과 관계없이 활동할 수 있다.

당신은 사도 베드로가 그의 첫 번째 서신에서 한 말을 기억하는가? 그는 이렇게 말했다.

"그리스도께서도 한 번 죄를 위하여 죽으사 의인으로서 불의한 자를 대신하셨으니 이는 우리를 하나님 앞으로 인도하려 하심이라 육체로는 죽임을 당하시고 영으로는 살리심을 받으셨으니 저가 또한 영으로 옥에 있는 영들에게 전파하시니라 그들은 전에 노아의 날 방주 예비할 동안 하나님이 오래 참고 기다리실 때에 '순종치 아니하던 자들'이라"(벧전 3:18-20).

성경의 이 분명한 교훈에 따르면, 그리스도 예수의 몸이 아리마대 사람 요셉의 새 무덤 안에 안치되어 있을 때에 주님은 창조적이고 지성적(知性的)인 일을 적극적으로 행하셨다. 예수님의 몸은 움직일 수 없었다. 그분의 몸은 그분의 영과 관계없이 아무것도 할 수 없었다. 그러나 예수님의 몸이 여전히 요셉의 무덤 안에 있을 때 예수님의 영은 옥에서 바쁘게 활동하셨다. 다시 말해서, 노아의 날에 '순종치 아니하던 자들'에게 전파하셨던 것이다.

이런 말을 듣고 당신은 혹시 다음과 같이 물을지 모르겠다.

"그렇지만 그것은 그리스도이신 예수께 해당하는 이야기가 아닌가? 우리와 같이 평범한 인간들은 다르지 않을까?"

그렇다면 요한계시록 6장을 보자.

"다섯째 인(印)을 떼실 때에 내가 보니 하나님의 말씀과 저희의 가진 증거를 인하여 죽임을 당한 영혼들이 제단 아래 있어 큰 소리로 불러 가로되 거룩하고 참되신 대주재여 땅에 거하는 자들을 심판하여 우리 피를 신원하여 주지 아니하시기를 어느 때까지 하시려나이까 하니 각각 저희에게 흰 두루마기를 주시며 가라사대 아직 잠시 동안 쉬되 저희 동무 종들과 형제들도 자기처럼 죽임을 받아 그 수가 차기까지 하라 하시더라"(계 6:9-11).

이 본문에는 하나님의 제단 아래 안전하게 숨겨진 영혼들이 나온다. 그들은 죽임 당한 남자와 여자들이다. 그렇다면 무엇이 죽임을 당했다는 것인가? 그들의 영혼이 아니라 그들의 육신이 죽임을 당한 것이다! 예수님이 제자들에게 가르치신 말씀을 기억해보자.

"몸은 죽여도 영혼은 능히 죽이지 못하는 자들을 두려워하지 말고 오직 몸과 영혼을 능히 지옥에 멸하시는 자를 두려워하라"(마 10:28).

요한계시록 6장에 나오는 사람들이 어떤 사람들이었는지 아는 것은 흥미롭고도 유익하다. 그들은 지성(知性)과 정의(正義) 의식을 가지고 과거의 일을 기억하며 기도했다. 더욱이 그들은 하나님께서 거룩하고 진실하신 분임을 알았고, 인간이 땅 위에 거하는 존재라는 사실을 알았으며, 하나님께서는 그분 자신과 그분을 위해 피 흘린 자들을 위해 보복하는 재판관이시라는 것도 알았다. 몸은 비록 죽었으나 영혼은 죽지 않은 자들에게는 이런 정신적 작용이 가능하다.

그러므로 우리의 몸이 영혼 없이 활동하는 것은 불가능하지만, 우리의 영혼이 몸 없이 활동하는 것은 가능하다. 그러나 우리가 이 땅에 사는 동안 몸 없이 영혼이 활동할 수 있다는 것을 증명하려고 애쓰지는 말라. 그것은 하나님께서 허락하신 것이 아니다. 심령술사와 영매(靈媒) 및 수정구슬 점쟁이들은 영을 몸에서 해방시켜 날아오르게 할 수 있다고 주장하면서, 그렇게 하려고 시도한다. 그러나 죽은 자의 혼(魂), 마법사, 유령 등과 관계있는 활동은 전능하신 하나님께서 엄하게 금하신다. 주께서 우리를 해방시키시는 날에는 우리의 영이 몸을 떠나 높이 솟아오를 것이다. 그때까지 몸 안에 거하면서 그분을 섬기는 것이 하나님의 뜻이다.

죄 때문에

왜 우리는 죽을 때 우리의 몸을 가지고 이 땅을 떠나지 못하는가? 그것은 바로 죄 때문이다. 죄는 인간의 몸과 영혼을 분리시켰다. 내가 이렇게 말하니까 당신에게 이런 의문이 생길 수도 있겠다.

'죽음의 때에 육체가 영혼에서 분리되어 이 땅에 남는다면, 왜 굳이 천국에 가야 하는가?'

실제로 어떤 사람은 다음과 같이 주장한다.

"천국은 없다. 이 땅이 인간의 낙원이다. 인간에게 불사(不死)

의 운명이 주어질 것이고, 이 땅이 우리의 활동무대가 될 것이다."

이런 주장이 인간의 관점에서는 흥미로운 것일 수 있어도, 성경의 교훈과는 거리가 멀다.

성경은 우리에게 분명히 대답한다. 성경에 따르면, 하나님은 사람에게 생기를 불어넣어 생령(生靈)으로 만드시고 그분의 형상대로 사람을 지으셨다. 그러나 저 형언할 수 없는 파국이 찾아왔을 때, 즉 인간의 타락으로 인한 재앙이 닥쳤을 때, 모든 사람은 하나님께 받은 복을 잃어버리고 그후로부터 이제까지 몸과 마음과 영혼으로 타락의 비참한 결과를 느끼며 살아왔다.

성경은 또한 하나님께서 우리를 구속(救贖)하여 우리를 다시 온전케 하기 위해 자신의 독생자를 보내셨다고 증거한다. 우리를 회복하여 우리에게 아담의 본래 형상을 돌려주기 위해 예수님이 이 땅에 오신 것이라고 생각하는 자들이 있다. 그러나 예수님의 죽음과 부활은 타락의 부정적 결과를 제거하는 사건에 불과한 것이 아니다. 그것보다 무한히 더 큰 것을 이루었다. 주님은 단지 우리에게 첫 아담의 형상을 회복시켜주기 위해 오신 것이 아니라, 바로 그분 자신의 형상을 주기 위해 오셨다. 첫 사람 아담은 '살아 있는 영'에 지나지 않았지만, 마지막 아담은 '생명을 주는 영'이시다(고전 15:45).

사도 바울은 이에 대해 증거한다.

"첫 사람은 땅에서 났으니 흙에 속한 자이거니와 둘째 사람은 하늘에서 나셨느니라"(고전 15:47).

그러므로 그리스도의 구속은 인간의 문제점을 하나씩 해결해나가는 과정도 아니고, 인간을 개선하여 아담의 본래 상태로 회복시키는 작업도 아니다. 그리스도께서 우리를 구속하신 목적은 아담의 수준을 넘어 바로 그리스도의 수준까지 인간을 끌어올리는 것이다. 우리는 아담을 바라보아서는 안 되고 그리스도를 바라보아야 한다. 그렇게 할 때 우리는 하나님의 영에 의해 그리스도의 형상으로 변해간다.

그러므로 지구가 흙으로 만들어진 피조물의 거처로는 만족스러울지 몰라도, 그리스도의 보혈로 구속함을 받은 살아 있는 영혼의 거처로서는 충분하지 못하다. 지구가 하나님의 손으로 만들어진 피조물의 일시적인 거처로는 적당하지만, 성령 안에서 다시 태어난 존재의 영원한 거처로는 적절하지 못하다. 거듭난 그리스도인은 타락한 아담의 종족으로부터 들어올려져 승리하신 그리스도의 천상(天上)의 수준까지 올라간 자이다.

그러나 죄가 몸과 영혼을 분리시킨 것은 사실이다. 그렇기 때문에 주 예수 그리스도는 이 땅을 떠나시기 전에 제자들에게 이렇게 말씀하셨다.

"내 아버지 집에 거할 곳이 많도다 … 내가 너희를 위하여 처소를 예비하러 가노니 가서 너희를 위하여 처소를 예비하면 내가 다시 와서 너희를 내게로 영접하여 나 있는 곳에 너희도 있게 하리라"(요 14:2,3).

예수 그리스도께서 아버지의 품을 떠난 적이 없다고 주장하신 것은 참으로 놀라운 사실이다. 아버지의 품속에 있는 인자(人子)가 아버지를 나타내셨다(요 1:18). 예수님이 이 땅에서 인간으로서 인간들 가운데 행하시는 동안에도 그분은 '눈에 보이지 않는 신성(神性)의 본질'과 '항상 임재하시는 하나님'의 신비에 의해 아버지의 품에 머무실 수 있었다.

우리는 높아지고 격상될 것이다. 다른 분이 아닌 바로 전능하신 주 하나님께서 인간을 만들고 그에게 생기를 불어넣어 생령(生靈)이 되게 하셨다는 사실을 잊지 말자. 이렇게 만들어진 피조물이 인간이다. 그러나 하나님은 구속을 통하여 그런 수준보다 무한히 더 높은 수준으로 인간을 끌어올리셨다. 그렇기 때문에 우리는 "내가 너희를 위하여 처소를 예비하러 가노니"(요 14:2)라는 예수님의 약속을 신뢰할 수 있다. 그분이 우리에게 주신 몸은 장차 이 세상을 떠날 때 마치 고치처럼 분리되어 떨어져나갈 것이다. 왜냐하면 그때 우리의 영이 몸을 떠나 아버지께서 계신 곳으로 솟아오를 것이기 때문이다. 우리는 영과 몸이 분리될 저 큰 부활의 날을 기다려야 한다.

"나팔 소리가 나매 죽은 자들이 썩지 아니할 것으로 다시 살고 우리도 변화하리라"(고전 15:52).

주 예수여, 오시옵소서!

하나님의 약속은 이토록 분명하고 놀랍다. 그렇기 때문에 그리스도인이 죽음을 두려워하는 것은 옳지 않다. 죽음에 대한 두려움 때문에 노이로제에 걸린 그리스도인은 영적으로 정상적인 상태에 있는 것이 아니다. 믿음으로 충만하여 천국의 복된 영광과 주님의 빛나는 임재를 갈망하는 사람은 몸에 병이 생겨도 두려워하거나 소란을 떨지 않는다.

참되고 헌신적인 그리스도인은 죽음을 두려워하지 않는다. 우리는 죽음을 두려워할 필요가 없다. 우리는 영원한 언약의 피를 통해 거듭났으며, 마지막 날에는 이 세상의 고뇌와 고통에서 벗어나 저 높은 곳의 밝고 아름다운 세상으로 끌어올려질 것이다. 또한 주께서 우리를 위해 그곳에 아름다운 처소를 예비해놓겠다고 약속하셨다.

예수님이 "내 아버지 집에 거할 곳이 많도다"(요 14:2)라고 말씀하신 것에 주목하라. 그곳이 그분의 아버지 집이라면 그곳은 또한 우리 아버지의 집이기도 하다. 왜냐하면 주 예수님은 우리의 형님이시기 때문이다. 예수님은 또한 말씀하셨다.

"내가 내 아버지 곧 너희 아버지, 내 하나님 곧 너희 하나님께로 올라간다 하라"(요 20:17).

그러므로 아버지의 집이 예수님의 집이라면, 그것은 또한 아버지의 다른 모든 아들딸의 집이기도 하다.

그렇다! 그리스도인은 당신이 생각하는 것보다 훨씬 더 부자이다. 아버지의 집과 그곳에 있는 처소에 대한 약속을 정직하게 받아들여라. 그러면 이 땅에서 별로 가진 것이 없어도 크게 힘들어하거나 요동하지 않을 것이다. 그리스도인이 이 땅의 것에 마음을 빼앗겨 넋을 잃고 바라보는 것은 이 시대의 비극이다. 그런 것을 보고 침을 질질 흘리느라고 그는 자신의 짧은 인생의 시간이 쏜살같이 사라짐을 의식조차 하지 못한다.

나는 우리 주님이 하늘의 것을 간절히 사모하는 그리스도인을 찾으신다고 믿는다. 하나님의 말씀은 우리로 하여금 그분을 전심으로 믿고 의지하도록 격려한다. 우리가 이렇게 전심으로 하나님을 신뢰하면 그분은 우리를 죽음의 공포와 미래의 불확실성에서 건지신다.

나는 예수께서 저 천국에서 나를 위해 처소를 준비하고 계심을 믿는다. 그분은 영원히 사라지지 않을 처소를 예비하고 계시다. 나는 그 복되고 복된 나라에 일시적으로 체류하는 것이 아니라 그곳에서 영원히 살 것이다.

사도 요한은 장차 임할 미래에 대해 증거한다.

"또 내가 새 하늘과 새 땅을 보니 처음 하늘과 처음 땅이 없어졌고 바다도 다시 있지 않더라 또 내가 보매 거룩한 성 새 예루살렘이 하나님께로부터 하늘에서 내려오니 그 예비한 것이 신부가 남편을 위하여 단장한 것 같더라"(계 21:1,2).

우리가 이 구절을 주로 장례예배 때에만 읽는다는 것은 참으로 안타까운 현실이다. 이것은 새 예루살렘을 향해 나아가고 있던 사람이 기록한 구절이다!

요한은 계속해서 이렇게 말한다.

"내가 들으니 보좌에서 큰 음성이 나서 가로되 보라 하나님의 장막이 사람들과 함께 있으매 하나님이 저희와 함께 거하시리니 저희는 하나님의 백성이 되고 하나님은 친히 저희와 함께 계셔서 모든 눈물을 그 눈에서 씻기시매 다시 사망이 없고 애통하는 것이나 곡하는 것이나 아픈 것이 다시 있지 아니하리니 처음 것들이 다 지나갔음이러라"(계 21:3,4).

이렇게 말한 후에 그는 다시 그 크고 아름다운 성이 하나님의 영광으로 빛난다고 묘사하면서, "그 성의 빛이 지극히 귀한 보석 같고 벽옥과 수정같이 맑더라"(계 21:11)라고 전한다.

그의 말을 계속 들어보자.

"성 안에 성전을 내가 보지 못하였으니 이는 주 하나님 곧 전능하신 이와 및 어린양이 그 성전이심이라 그 성은 해나 달의 비췸이 쓸데없으니 이는 하나님의 영광이 비춰고 어린양이 그 등이 되심이라"(계 21:22,23).

아! 하나님의 백성이야말로 이 온 세상에서 가장 기뻐해야 할 사람들이다. 사람들이 끊임없이 당신에게 찾아와 기쁨의 근원이 무엇이냐고 물어야 한다. 그리고 그럴 때 당신은 이렇게 대답할 수 있어야 한다.

"어린양의 보혈로 구속함을 받고, 우리의 과거가 우리 뒤로 숨겨지고, 우리의 죄가 보혈로 씻김 받아 영원히 우리를 대적할 수 없게 되었는데 어찌 기쁘지 않겠소?"

하나님이 우리의 아버지이시고, 그리스도가 우리의 형님이시고, 성령님이 우리를 위해 대언하고 우리를 위로하신다. 우리의 형님이신 그리스도께서는 다시 돌아오겠다는 약속을 남기시고 우리의 처소를 예비하기 위해 아버지 집으로 가셨다.

주여! 모세를 보내지 마옵소서. 모세를 보내지 마옵소서. 그는 돌판을 깨뜨렸습니다.

주여! 나를 위해 엘리야를 보내지 마옵소서. 나는 그가 두렵습니다. 그는 하늘에서 불이 내려오게 했습니다.

주여! 바울을 보내지 마옵소서. 그는 학식이 대단히 많은 사람이기 때문에 그의 서신들을 읽을 때 나는 내가 어린애 같다는 생각이 듭니다.

오, 주 예수님! 주님이 직접 오시옵소서. 저는 주님을 두려워하지 않습니다. 주님은 어린아이를 마치 어린양처럼 주님 품에 안으셨습니다. 주님은 간음 중에 붙잡힌 여자를 용서하셨습니다. 주님은 무리 가운데서 주님을 만지기 위해 손을 내밀었던 소심한 여자를 고쳐주셨습니다. 우리는 주님을 두려워하지 않습니다.

그렇습니다! 주 예수님, 오시옵소서! 속히 오시옵소서!

chapter 05

회개하지 않고 교회에 들어온 자여,
회개하라

정말로 회개하며 용서를 구하는 사람은 계명을 어긴 것에 대한 죄책감의 무게에 눌려 전능하신 하나님 앞에
엎드려 떨면서 "오, 하나님! 제가 하나님께 죄를 지었습니다" 라고 고백할 수밖에 없다.

예수께서 가라사대 네가 온전하고자 할진대 가서 네 소유를 팔아 가
난한 자들을 주라 그리하면 하늘에서 보화가 네게 있으리라 그리고
와서 나를 좇으라 하시니 그 청년이 재물이 많으므로 이 말씀을 듣고
근심하며 가니라 마 19:21,22

한 인물의 정체를 폭로한다

이제까지 나는 신약에 기록된 예수님의 요구조건에 미치지
못하는 종교적인 견해를 가진 사람을 개인적으로 폭로하거나
성직(聖職)에서 쫓아내는 것을 내 사명으로 여긴 적이 없다. 그
러나 나는, 신약에 등장하는 어떤 한 사람의 정체를 폭로하는

일이 거의 2천 년이나 지연되었다고 생각한다.

    내가 언급하는 이 사람은 성경을 공부하는 사람과 설교를 듣는 대중에게 '부유한 젊은 지도자'로 알려진 사람이다. 이 사람은 예수님을 찾아와 영생을 얻기 위한 조건이 무엇이냐고 물었던 사람이다.

    오랜 세월 동안 교회에서 선포된 수많은 설교에서 이 젊은 종교 지도자는 마음이 순수하기 때문에 다른 사람들보다 열 배의 영향력을 발휘한 사람으로서 '그의 시대의 갈라해드 경'(Sir Galahad, 아서 왕의 원탁기사들 중 한 사람으로서 매우 고결한 인물)이라고 묘사되었다.

    그러나 나는 과거의 학자와 설교자들의 글을 읽고 매우 놀랐다. 왜냐하면 그들은 그토록 오랜 세월 동안 예수님이 이 부자 청년을 다루신 방법을 철저히 오해했기 때문이다!

    이 부자 청년은 "이 모든 것을 내가 지키었사오니"(마 19:20)라고 그가 한 말 때문에 지금까지 매우 후한 점수를 받고 도덕적으로 찬사를 받아왔다. 다시 말하면, 이 이름 모를 사람은 그토록 장구한 세월 동안 도덕의 귀감이요 진리의 성실한 구도자로 교회의 설교에 오르내렸다.

우울한 사건

주께서 부자 청년을 만난 이 사건에서 생각해야 할 점들이 몇 가지 있다. 이 '부유한 젊은 지도자'에 대한 가장 일반적인 오해는 그가 정치적 또는 행정적 지도자였다는 생각이다. 복음서의 기록을 잘 살펴보면, 그는 유대인 중에서 종교적 지도자였음을 알 수 있다. 아마도 그는 어떤 회당에서 일했을 것이다. 여기에서 '지도자'(ruler)라는 말이 왕관을 쓰고 홀(笏)을 들고 왕복을 입은 사람을 의미하는 것은 아니다. 여기서 이 말은 젊은 부자가 의장이나 회장 혹은 지역 예배 집단의 지도자였음을 의미할 뿐이다.

우리가 주목해야 할 또 하나가 있다. 그것은 비록 이 젊은 부자가 종교계에서 인정을 받고 있었지만, 그는 영적으로 불안정했다는 사실이다. 내가 이 이야기를 꺼내는 것은 2천 년이 지난 지금도 이 부분에 대해서는 크게 변한 것이 없다고 느끼기 때문이다. 내 개인적으로 지난 1년은 전례 없는 한 해였다. 왜냐하면 기독교 교단에서 높은 위치에 있는 많은 사람이 나를 찾아와 그들의 영적 상태와 문제에 대해 상담을 받았기 때문이다. 그들은 초신자도, 불신자도 아니었다. 그들 중 일부는 복음주의적 교단에서 최고의 지위를 갖고 있는 사람들이었다.

교회 지도자가 확신을 갖지 못하고 영적으로 흔들리고 비참

해졌다면 그 사람에게 무엇이 잘못된 것인가? 나는 그 지도자가 예수 그리스도를 주님으로 인정하고 온전히 헌신하라는 도전에 직면한 적 없이 기독교 신앙을 갖게 되었다고 진단하고 싶다. 다시 말해서, 그들이 자신을 온전히 예수 그리스도께 바쳐야만 십자가의 승리를 얻을 수 있다는 가르침을 받지 못하고 기독교로 들어왔다는 것이 나의 판단이다.

복음서의 기록을 다시 살펴보자. 이 젊은 유대인 지도자는 예수께 와서 이렇게 여쭈었다.

"내가 무슨 선한 일을 하여야 영생을 얻으리이까"(마 19:16).

이에 예수님은 다음과 같이 말씀하셨다.

"어찌하여 선한 일을 내게 묻느냐 선한 이는 오직 한 분이시니라 네가 생명에 들어가려면 계명들을 지키라"(마 19:17).

그러자 이 젊은 부자는 예수님의 얼굴을 보며 "어느 계명 말입니까? 선생님은 제가 모르는 계명들을 가르치십니까?"라고 물었다.

그러자 예수님은 그에게 직접적으로 대답하셨다.

"그렇지 않다. 내가 말하는 계명은 네가 유대의 종교인으로서 익히 잘 알고 있는 계명들이다. 하나님께서 "살인하지 말라, 간음하지 말라" 하시지 않았느냐? 너는 그분의 계명들을 다 안다."

이렇게 말씀하신 다음에 예수님은 그에게 영적 결단의 기회를 주셨다. 즉, 자신을 부인할 수 있는 기회, 세상의 소망 대신 영적인 특권을 붙잡을 수 있는 기회, 하나님의 아들 예수 그리스도의 제자로서 자기를 온전히 포기할 수 있는 기회 그리고 잃어버린 자들을 구원하는 메시아의 구속(救贖)을 받아들일 수 있는 기회를 주셨다.

그러나 마태의 기록에서 알 수 있듯이 주께서 영적 결단의 기회를 주셨음에도 불구하고 슬프고 우울한 사건이 일어났다.

"그 청년이 재물이 많으므로 이 말씀을 듣고 근심하며 가니라"(마 19:22).

스스로를 속이는 사람

여기 이 젊은 부자에게서 우리는 아주 중요한 사실을 확인할 수 있다. 그것은 종교생활과 종교적 행위가 우리가 그토록 갈망하는 신앙적 확신을 줄 수 없다는 사실이다. 이 젊은이는 종교 지도자였지만 마음속에 깊은 공허감을 느껴 예수님을 찾아왔다. 그는 책에서 얻을 수 있는 결론보다 더 중요한 어떤 것을 얻고 싶어 했다. 그는 자기가 영원히 복된 상태에 들어가 있다고 확신하기를 원했다. 지금의 우리 식으로 말하면, 영생의 확신을 얻기를 원했던 것이다. 그는 예수께 "내가 무슨 선한 일을 해야 영생을 얻을 수 있습니까"라고 여쭈었다.

우리 주 예수님은 사람을 대하는 법에 대한 책을 연구한 분이 아니지만, 사람을 대하는 데 탁월한 능력을 보이셨다. 그분은 심리학의 대가(大家)이셨다. 이 말은, 그분이 사람의 마음이 어떻게 해야 움직이는지 너무나 잘 아셨다는 뜻이다. 심리학의 기본이 사람의 마음을 읽는 것이 아니겠는가?

예수님은 부자 청년의 말을 듣고 그가 어떤 사람인지 즉시 판단하실 수 있었다. 그분은 그가 히브리 성경을 읽고 하나님을 향해 두 손을 들고 구약의 방식에 따라 사람들의 기도를 인도하는 사람이라는 것을 간파하셨다. 그러나 동시에 예수님은 그가 내면의 고통스러운 영적 결핍 때문에 아주 비참한 상태에 빠져 있다는 것도 꿰뚫어보셨다.

예수님은 그를 대하기 위해 우선 그에 대한 진단부터 하셨다. 주님은 대화의 전개를 위해 그의 말을 일단 액면 그대로 받아들이셨다. 그리고 다음과 같이 그의 말을 정리해주셨다.

"네가 나를 찾아와 질문을 하는구나. 너는 너와 하나님과의 관계 및 영생의 문제를 '선한 일'의 문제로 규정하여 풀어나가려고 하는구나."

계속해서 예수님은 다음과 같은 취지로 말씀하셨다.

"그렇다면 그 '선한 일'이 얼마나 선해야 하느냐? 너는 하나님 한 분만이 선하시다는 사실을 잘 알고 있다. 네가 하나님의 마음을 움직여 그분께 영생의 선물을 얻을 수 있을 정도로 선한 일을 하려고 한다면, 너의 행위가 얼마나 선해야 하느냐? 선한 분이 오직 한 분뿐이라면, 그리고 네 입으로 나를 '선한 선생님'이라고 부른 데서 알 수 있듯이 네가 나를 하나님으로 믿지 않는다면, 어떻게 영생을 얻을 수 있겠느냐? 선한 분이 한 분뿐이고 그분이 하나님이시라면, 네가 영생을 얻을 수 있을 만큼 선한 행위를 하는 것이 가능하겠느냐? 사탄의 조건을 충족시킴으로써 하나님께 무엇을 얻으려 하느냐? 굳이 그렇게 하려고 한다면, 너는 하나님께서 받으시기에 충분할 만큼 선한 일을 해야 한다. 젊은이여, 네가 노력을 통해 영생을 얻으려고 애쓴다면 나는 네게 '계명들을 지켜라'라는 말밖에 해줄 수가 없다."

예수께서 이렇게 말씀하시자 부자 청년은 "이 모든 것을 어려서부터 내가 지켰습니다"라고 대답했다.

우리는 이 젊은이가 어려서부터 계명들을 지켰다는 것을 의심하지 않는다. 나는 그가 살인을 저지르지 않았다고 믿는다. 그는 간음죄를 범하지도 않았고, 도둑질할 필요도 없었을 것이다. 당시 대부분의 유대인이 그랬듯이 그는 부모를 공경했을 것이다.

지금까지 교회 설교에서 이 젊은이는 '도덕적 인간'이라는 이유로 자주 칭찬의 대상이 되어 왔다. 그러나 '도덕적 인간'이 무엇인지 내가 말해주겠다. '도덕적 인간'은 자신을 속일 정도로 선하고 자신을 지옥에 보낼 정도로 악하다.

이 젊은이는 '도덕적 인간'이 얼마나 위험한 것인지를 몰랐다. 그는 스스로를 속이고 있었다. 그의 선함이 그의 눈을 가려 그의 악함을 보지 못하도록 했다. 그렇기 때문에 그는 예수께 등을 돌리고 떠나갔다.

어떤 종류의 종교라도 괜찮고 유익하다는 사상을 받아들여 스스로를 속이는 사람들이 어느 시대에나 허다하다. 몸에 생긴 암을 치료해야 할 상황에서 반창고를 붙이는 것으로 만족하는가? 모든 음식이 다 갓난아기의 건강과 성장에 도움이 되는가? 고철 덩어리 같은 구식 비행기이건 아니건 사람들을 먼 거리로 수송할 수만 있다면 상관없는가?

결코 그렇지 않다. 때로는 무엇인가를 조금 가지고 있는 것이 전혀 없는 것보다 오히려 더 나쁠 수도 있다! 솔직히 말해서 나는, 나 자신을 속이는 종교를 갖느니 차라리 아무 종교를 갖지 않는 편을 택하겠다.

바로 이 점에서 이 젊고 부유한 지도자는 실패했다. 그의 어느 정도의 경건이 오히려 그의 눈을 가려 그는 스스로에게 속고 말았다. 그는 자신이 어느 정도 선하기 때문에 문제가 없는 사람이라 생각했고, 하나님의 계명들도 어느 정도 잘 지켰다고 판단했다.

나는 당신과 함께 이 부자 청년이 계명을 범했는지 안 범했는지 살펴보기를 원한다.

무엇이 계명을 범하는 것인가?

하나님께서는 "너는 나 외에는 다른 신(神)들을 네게 있게 말지니라"(출 20:3)라고 분명히 명령하셨다. 누군가 어떤 것을 하나님보다 중요하게 여긴다면, 그것이 그 사람의 신(神)이다. 하나님을 거부하고 그분과 우리 사이를 가로막는 것이 우리의 신, 즉 우상이다. 이 사실에 대해서는 유대인이나 가톨릭 신자나 개신교 신자가 모두 동의한다.

이 젊은 부자는 하나님께서 인간의 삶에서 가장 중요한 분이 되셔야 한다는 계명을 잘 알고 있었다. 그러나 우리 주님이 바로 그 조건에 따라 모든 것을 팔아 사람들에게 나누어주고 하나님을 가장 귀한 분으로 모시고 자신의 제자가 되라고 요구하셨을 때 그는 등을 돌리고 떠나갔다.

그는 다른 신을 섬겼기 때문에 하나님께 등을 돌린 것이다(그는 자신이 다른 신을 섬긴다고 인정하려고 하지 않았을 것이다). 그는 예배하고 기도하고 시온의 노래를 부르는 사람들을 인도했지만, 그들도 모르는 중에 그는 다른 우상을 숨겨두었다. 결단의 순간이 찾아왔을 때 그는 그의 조상의 하나님 대신 황금의 신을 선택했다.

분명히 말하지만, 이 젊고 부유한 지도자는 율법을 지키지 않았다. 그는 유리잔을 땅바닥에 던져 깨뜨리듯이 제1계명을 여지없이 깨뜨렸다. 왜냐하면 그의 조상의 하나님께서 그에게 "모든 것을 팔고 나를 따르라"라고 명령하셨을 때 등을 돌리고 그분에게서 떠났기 때문이다.

우리 주님은 모든 계명을 다음 말씀에 담아 요약해주셨다.

"네 마음을 다하고 목숨을 다하고 뜻을 다하여 주 너의 하나님을 사랑하라"(마 22:37).

'하나님을 사랑하느냐, 재물을 사랑하느냐'라는 지극히 중요한 선택의 기로에 선 이 젊은이는 재물이 많았기 때문에 하나님께 등을 돌렸다. 결국 그는 모든 계명의 완성이라고 할 수 있는 하나님 사랑을 저버렸다. 예수님은 또한 하나님 사랑에 이웃 사랑을 덧붙이면서 이렇게 말씀하셨다.

"네 이웃을 네 몸과 같이 사랑하라"(마 22:39).

이 젊은이가 예수님과 이야기를 나누고 있는 그 순간에도 거지와 장애인 그리고 굶주린 사람들이 도처에 있었다. 병들고 쇠약한 노인들, 먹을 음식이 없는 어린아이들 그리고 몸이 완전히 망가지지 않도록 식물의 뿌리나 메뚜기나 달팽이를 찾으려고 돌아다니는 문둥병자들이 있었다.

수많은 사람이 도움의 손길을 기다린다는 것을 알면서도 이 부자 청년은 성전에 서서 기도하고 찬송을 인도하여 그의 하나님과 아브라함과 이삭과 야곱을 공경하면 모든 것이 해결된다고 믿었다. 예수님을 따르기 위해서는 어려운 사람들에게 재산을 나누어주어야 한다고 주께서 말씀하셨을 때 그는 근심하며 돌아갔다.

이 부자 청년은 이웃을 자기 자신처럼 사랑하지 않았다. 그럼에도 불구하고 그는 자신이 율법을 지키는 고상한 사람이라고 믿었다. 그는 예수님 앞에서 "내가 이 모든 계명을 지키었나이다"라고 말했다. 나는 그가 거짓말을 했다고 생각하지는 않는다. 하지만 그는 스스로에게 완전히 속고 있었다.

하나님은 십계명의 마지막을 통하여 우리 모두에게 "탐내지 말지니라"(출 20:17)라고 명령하신다. '탐내지 말라'라는 명령은 여러 가지를 의미할 수 있다. 왜냐하면 구약과 신약에서 '탐내다'라는 단어가 '터무니없이 욕심을 내는 것'을 의미하기 때문이다.

예수님은 부자 청년에게 "너의 재산을 사람들에게 나누어주고 나를 따르라. 베드로나 다른 제자들처럼 말이다. 사람들이 우리를 가난하다고 여길지 몰라도 우리는 누구에게도 빚지고 있지 않다. 나를 따르면 새 생명이 주어질 것이다. 나를 따르라"라고 말씀하셨다. 하지만 그는 이 말씀을 받아들이지 않음으로써 결국 십계명의 마지막 계명을 어겼다!

그는 그의 돈과 재산을 버릴 수 없었다. 그러므로 그는 탐욕스러운 사람이었다. 그는 이웃을 사랑하지 않고 자기 자신을 사랑했다. 하나님을 향해 마음 깊숙한 곳에서 우러나오는 사랑이 없었고, 대신 자기의 부(富)를 향한 사랑으로 충만했다. 살아 계신 하나님께 삶의 첫 번째 자리를 내어 드리지 못하고, 그분을 진심으로 사랑하지 않았기 때문에 그는 계명을 어긴 것이었다.

우리 각자는 이 부자 청년을 통해 깊은 교훈을 배워야 한다. 문제가 있음에도 불구하고 문제가 없다고 착각하는 일이 우리 모두에게 일어날 수 있다. 우리는 체커(checkers, 두 사람이 각각 12개의 말을 가지고 하는 놀이)를 할 때 상대방의 말을 요리조리 빠져나가듯이 '양심의 체커판'을 잘 빠져나가서 아무 일도 없는 듯이 생활할 수 있다.

이런 일이 바로 이 도덕적인 젊은이에게 일어났다! 그것도 예수님이 그에게 말씀으로 가르침을 베푸셨을 때 말이다! 여기서 우리는 주님이 그에게 영원한 구원의 조건을 제시하셨다는 점에 주목해야 한다. 그 조건은 자신의 죄를 인정하고 그분의 인격을 온전히 신뢰하며 그분의 주권에만 순종하는 것이다.

주님은 이것 말고 다른 조건을 제시하신 적이 결코 없다. 저마다 자기의 우상을 가진 사람들은 이 젊은이와 다를 바 없다. 그들은 하나님의 계명을 수없이 어겼으면서도 자기들이 선하다고 목소리를 높인다.

통회하며 하나님 앞에 나아와 회개하는 사람은 자기가 모든 계명을 다 어긴 것은 아니라는 변명을 하지 않는다. 정말로 회개하며 용서를 구하는 사람은 계명을 어긴 것에 대한 죄책감의 무게에 눌려 전능하신 하나님 앞에 엎드려 떨면서 "오, 하나님! 저는 깨끗하지 못한 사람입니다. 제가 하나님께 죄를 지었습니다"라고 고백할 수밖에 없다.

국가의 법을 모두 어겼기 때문에 무법자가 되는 것은 아니다. 소수의 법을 어기고 조롱해도 무법자가 된다. 강도 제시 제임스(Jesse James, 1847~1882. 미국의 악명 높은 갱)는 "살인하지 말라"와 "도적질하지 말라" 같은 두세 가지의 법을 어겼을 뿐이다. 그가 어기지 않은 법들이 수천 개가 넘었다. 그렇지만 그는 현상금이 걸린 악명 높은 범죄자였다.

내가 돼지우리에서 뒹굴다가 집에 돌아온 탕자처럼 범죄자로서 하나님 앞에 선다면, 나는 내가 어기지 않은 계명들이 있다는 사실을 내세우며 그분과 흥정하려는 짓을 하지 않을 것이다. 그것들에 대해서는 생각조차 하지 않을 것이다. 내가 어긴 계명이 단 하나라 할지라도 나는 그것에 대한 죄책감의 무게에 못 이겨 하나님 앞에서 죄인임을 자복하고 낮아질 것이다.

달걀껍질처럼 부서져라

도덕적인 사람들의 자기 방어적 태도는 오늘날 기독교가 직면한 큰 문제이다. 기독교를 믿으려는 어떤 이들은 다른 사람이 범한 악한 죄들 중에서 자신은 어떤 것을 범하지 않았다는 사실에 의지하여 그리스도인이 되려고 한다. 그들은 자기 자신을 솔직하게 들여다보려고 하지 않는데, 그럴 경우 자기가 죄인 중에 괴수임을 깨닫고 뉘우치며 울부짖어야 하기 때문이다.

사도 바울을 살펴보자. 그는 자기의 죄악된 본성을 솔직하게 들여다보았다. 그는 어떤 죄이든 간에 자기가 죄를 범했다는 사실 자체에 너무나 가책을 느꼈기 때문에 마치 달걀껍질처럼 부서졌다.

바울은 양심에 거리낌이 없이 살려고 노력한다고 당당히 주장할 수 있는 사람이었다. 유대교의 가장 엄격한 계파에 속했던 사람으로서 그는 하나님의 법을 지키기 위해 인간이 할 수 있는 최선을 다했던 사람이다. 그가 어떻게 살았는지 조사해본 사람은 날마다 다양하게 일어날 수 있는 추잡하고 흉악한 죄에 대해 그가 무흠(無欠)하다고 결론을 내릴 것이다. 왜냐하면 그는 언제나 고상하고 철저하고 도덕적인 사람이었기 때문이다. 예수 그리스도를 만나기 전 그는 '거듭나지 못한 상태에서' 그의 최선을 다했다. 그러나 그리스도께서 허락하신 내면의 변화를 체험한 후에 철저히 깨진 그는 '하나님의 관점에서' 자기를 보게 되었다고 고백했다. 다시 말해서, 그는 죄인 중에 자기가 우두머리이며 세상에서 최고로 악한 자라고 고백했다.

"미쁘다 모든 사람이 받을 만한 이 말이여 그리스도 예수께서 죄인을 구원하시려고 세상에 임하셨다 하였도다 죄인 중에 내가 괴수니라"(딤전 1:15).

예수 그리스도께서 사람의 생각과 가치관을 완전히 바꾸어 놓으시는 일은 참으로 놀랍다! 바울이 자신을 세상에서 가장 악한 사람으로 여겼기 때문에 하나님께서는 그를 역사상 가장 훌륭한 사람 중 하나로 만들어주셨다.

부자 청년은 자기의 죄와 부족함을 결코 깨닫지 못했다. 그는 감히 예수 그리스도 앞에 서서 그분께 영생의 길을 묻고 자기를 위해 변명을 늘어놓았다. 그는 "나는 이교도가 아닙니다. 나는 하나님의 계명들을 지켰습니다"라고 말했다.

얼마나 불쌍한 사람인가! 자기가 하나님의 계명을 지켰다고 착각하는 것 자체가 영생 얻을 자격이 그에게 없음을 말해준다. 그는 자기가 용서받아야 할 죄인임을 인정하지 않고 오히려 도덕적으로 자기를 방어하고 의지했다.

지옥행 그리스도인

예수 그리스도와 그분의 속죄를 온전히 신뢰하지 않는 사람에게는 구원의 소망이 없다. 비유를 들어 쉽게 말하자. 우리 주 예수님이 구명정(救命艇)이시라면, 우리는 살기 위해 온전히 구명정을 신뢰해야 한다.

또 하나의 비유를 들어보자. 우리의 구주(救主, Savior)요 주(主, Lord)이신 예수 그리스도는 불타고 있는 건물에서 탈출할 수 있는 유일한 방법인 밧줄과 같은 분이시다. 우리는 이 밧줄을 믿고 의지하여 탈출하든가 아니면 죽든가 양자택일해야 한다.

예수님은 모든 아픔과 질병을 치료하실 수 있는 만병통치약 같은 분이다. 우리는 이 약을 먹고 살든지 아니면 약을 거부하고 죽든지 선택의 갈림길에 서 있다.

예수께서는 천국과 지옥 사이에 놓인 다리와 같은 분이시다. 우리는 그분의 은혜를 받아들여 이 다리를 건너 천국으로 가든지 아니면 지옥에 계속 머무르든지 해야 한다.

이것들은 간단한 비유지만, 그분을 온전히 신뢰해야 한다는 것을 아주 잘 드러낸다. 살기 위해서 우리는 그분만을 철저히 믿고 의지해야 한다! 그러나 지금의 현실을 둘러볼 때 과연 얼마나 많은 사람이 그분을 신뢰하는지 의문을 품게 된다. 그분을 신뢰하지만 그분이 아닌 다른 것을 신뢰하기를 원하는 사람도 아주 많다. 그들은 하나님을 신뢰하면서 또 도덕을 신뢰하기를 원한다. 그들은 하나님을 신뢰하면서 또 자기들의 선행을 신뢰하기를 원한다. 그들은 주님을 신뢰하면서 또 그들이 세례를 받아 교인이 된 것과 교회에서 직분을 맡은 것을 공로로 내세우기를 좋아한다.

그러나 분명히 말하지만, 예수 그리스도는 플러스 기호(+)의 한쪽 편에 서기를 거부하신다. 당신은 그분을 믿는 믿음 위에 무엇인가를 덧붙이기를 원하는가? 만일 그렇다면 하나님은 그분의 거룩한 위엄을 유지하신 채 당신에게서 떠나실 것이다. 하나님께서는 플러스 기호(+)의 한쪽 편에 서는 것으로 만족하실 분이 아니다. 만일 당신이 그분에게 덧붙여지는 것을 신뢰한다면, 당신은 그분을 온전히 신뢰하는 것이 아니다.

우리가 살펴본 젊고 부유한 지도자는 자기 자신에게 필요한 모든 것이 있다고 믿었다. 그러나 정작 제일 중요한 것이 그에게 없었다. 그는 하나님을 믿는다고 하였지만 사실은 자기 자신을 믿었다.

우리는 자기를 포기하고 예수 그리스도를 온전히 신뢰할 때 구원을 얻을 수 있다. 우리 주님은 그분의 지상(地上) 사역 동안 계속 이 근본적인 진리를 가르치셨다. 그러므로 이 진리는 이 젊고 부유한 지도자에게 특별히 처음으로 제시된 것이 아니다. 예수님은 부자 청년을 능숙하게 이끌어서 그에게 "너의 삶에서 하나님보다 더 중요한 것이 있어서는 안 된다. 네 자신을 철저히 포기하고 나를 온전히 신뢰하면서 나를 따르라"라는 말씀을 들려주셨던 것이다!

현재 우리 시대에 얼마나 많은 그리스도인이 자신을 온전히 그리스도께 맡겼는지 매우 의문스럽다. 우리는 사람들에게 "그리스도를 영접하십시오"라고 말하느라 바쁘다. 우리는 사람들에게 이 말만을 하는 것 같다. 그리고 '고통 없는 그리스도 영접'을 제공한다.

우리는 사람들에게 이 세상에서 가장 쉬운 일이 그리스도를 영접하는 것이라고 말한다. 우리의 주(Lord)와 구주(Savior)이신 예수 그리스도께 온전히 굴복하는 일이 무엇을 의미하는지에 대해 전혀 언급하지 않는 기독교 신학은 도대체 어떻게 된 것인가?

기독교를 믿는다고 고백하는 그리스도인들이 그들의 영적 상태에 대해 불안과 불만을 느끼는 것은 좋은 현상이다. 내가 볼 때, 우리는 "그리스도를 영접하라"라는 말만 듣고 기독교 신자가 된 사람들을 다시 가르쳐야 한다. 그들에게 분명히 말해주어야 할 것은 영원한 구원을 얻기 위한 조건이다. 이 조건은 죄를 인정하고 온전히 그리스도를 신뢰하며 하나님과 그분의 주권에 온전히 복종하는 것을 가리킨다.

우리가 살펴본 젊고 부유한 지도자는 이런 조건에 전혀 관심이 없었다. 그는 이런 조건을 예상하지 않았으며, 그것을 받아들일 수도 없었다. 그렇기 때문에 성경에 기록되어 있듯이, 그는 근심하며 떠나갔다.

다른 사람과 마찬가지로 그에게도 영생에 대한 관심이 있었다. 하지만 그는 다른 것을 더 원했다. 메시아 예수님을 따르고 싶은 마음이 어느 정도 있었지만 다른 것을 더 원했다. 오늘날 우리 주변에는 이 부자 청년 같은 사람들이 아주 많다. 이런 사람들에게서 내가 느끼는 것에 대해 이야기를 좀 하자.

믿음이 없어서 구원받지 못한 사람들이 모두 도덕적으로 잘못된 것은 아니다. 그런 사람들 중에도 악한 현실을 개탄하고 도덕적 기준을 바로잡고 삶의 질을 높이는 데 깊은 관심을 가진 사람들이 있다. 그들은 자기들의 신념에 따라 일하고 가르치고 최선을 다한다. 그렇지만 그들은 여전히 구원에 이르지 못한 사람들이다. 왜냐하면 하나님께서 정하신 영원한 구원의 조건을 인정하지 않고 우리 주 예수 그리스도께 복종하지 않기 때문이다.

도덕적으로 잘못된 사람만 멸망하는 것이 아니라 선한 일에 관심을 갖고 노력하는 사람도 멸망한다. 부유하고 젊은 지도자는 예수께 나아와 공손하게 물을 정도로 영생에 대한 관심이 많았지만, 세상적인 길을 택했기 때문에 결국 멸망했다. 그는 당시 종교적인 사람이었으나, 구원받지 못했다. 그는 죄인이요 범법자요 반역자였다. 주님은 이 사실을 즉시 폭로하셨다.

교회에 다니는 많은 사람은 열심히 기도하지만 지옥을 향해 달려가고 있다. 어떤 면에서 그들이 하나님을 원하는 것은 사실이지만, 충분히 원하지는 않는다. 그들은 영생에 관심이 있지만, 다른 것에 더 마음이 끌린다. 그들은 참된 믿음 가운데 예수님을 따라가야 한다는 것은 알지만, 다른 것에 막혀 결단에 이르지 못한다.

나는 하나님께서 이 두려운 사실을 사람들에게 깨우쳐주시기를 바란다. 존경스럽고 경건하며 기도에 열심이 있고 늘 신앙에 대해 이야기하지만, 실상은 구원을 얻지 못한 사람들이 있다!

오늘날 교회에서 우리는 하나님의 진리를 열심히 찾는 것처럼 보이는 사람을 발견하면 마치 보물을 찾은 듯이 기뻐한다. 사실 예수님을 찾아왔던 젊은 부자만큼 열심 있는 사람을 보기 힘든 것이 우리의 현실이다.

지금의 시대에는 사람들이 교회를 잘 찾아오지 않는다. 그래서 우리가 그들을 찾아 나선다. 그들을 만나 농담을 주고받고, 공통의 관심사를 찾으려고 스포츠에 대해 얘기하고, 그런 다음 아주 조심스럽게 말한다.

"당신이 예수님을 영접하면, 마음의 평안을 얻고 학점도 잘 받을 수 있고 만사가 형통할 것입니다."

우리가 이런 식으로 접근하기 때문에 현대의 기독교가 쇠퇴한 것이며, "형제여, 내게 무슨 잘못이 있는가? 왜 내가 잘못되었다는 것인가?"라고 말하는 그리스도인들이 생기는 것이다. 그들은 회개와 신뢰와 복종을 통해 하나님나라로 들어온 사람들이 아니다. 그들은 갈라진 틈새를 통하거나 옆 창문을 넘거나 기타 부정한 방법으로 하나님나라 안으로 몰래 들어오려고 발버둥 치는 사람들이다. 그들에게는 내적 증거도, 평안도, 확신도 없다.

진리를 찾은 사람이 나타났다는 소문을 들으면, 우리는 안락의자에 몸을 파묻으면서 이렇게 말한다.

"좋은 일이야! 진리를 찾은 사람이 나타나다니! 그의 문제는 곧 해결될 거야."

두 마음

무서운 사실이 있다. 만일 당신이 지금 지옥에 가본다면 거기에 있는 많은 사람들이 이 땅에 있을 때 진리를 찾으려고 애썼다는 점을 알게 될 것이다. 그렇다! 그들은 이 땅에 있을 때 그들이 마땅히 찾아야 할 진리를 실제로 발견했다. 문제는 그들이 그것에 따르기를 거부했다는 사실이다.

젊고 부유한 지도자는 역시 진리를 찾으려고 노력했다. 만일 그가 살아서 오늘날의 교회를 찾아온다면, 교회는 그의 이름을 새신자 등록카드에 적어 출석교인의 숫자를 하나 더 올릴 것이다. 그러나 그는 결국 떠난다. 과거에 예수님의 교훈과 초대를 거부하고 떠났던 것처럼 말이다.

성실한 목회자라면 누구나 교회와 건전한 성경공부와 그리스도인들의 따뜻한 교제를 버리고 세상으로 간 젊은이들의 이야기를 들려줄 것이다. 이런 이야기를 들려줄 때 목회자는 슬픔과 근심으로 가득한 표정을 짓는다. 교회를 떠나는 사람은 교회생활을 하다가 옛 본성이 다시 살아나 하나님께 등을 돌리고 떠나는 것이다. 그런 사람은 세상적인 사람과 어울린다거나 왠지 수상쩍은 결혼을 한다. 또는 하나님을 기쁘고 영화롭게 해드릴 수 없는 직업을 선택한다. 한마디로 말해서 그들은 세상으로 돌아간다.

그런데 여기서 우리가 주목해야 할 점이 있다. 그것은 그들이 하나님을 원하지 않기 때문에 그분의 집을 떠나는 것이 아니라 그분보다 더 소중한 것을 발견했기 때문에 떠난다는 사실이다. 하나님은 인간에게 자유의지와 선택의 기회를 주셨는데, 어떤 이들은 원하는 것을 갖겠다고 결심한 후에 조금의 흔들림 없이 그것을 추구한다.

젊고 부유한 지도자는 인생에서 가장 원하는 것을 갖겠다는 결정을 내렸다. 성경은 우리에게 예수님에게서 돌아서서 제 갈 길을 가는 그의 마지막 모습을 보여준다. 그는 재물이 많았기 때문에 그분의 말씀을 듣고도 슬픈 기색을 띠고 근심하며 떠났다. 예수님은 그가 떠나는 뒷모습을 바라보셨고, 그분도 역시 슬퍼하셨다.

많은 기독교인들이 교회와 그리스도인의 교제를 떠나서 죄인들의 품으로 돌아간다. 그러나 그들이 크게 기뻐하면서 그렇게 가는 것은 아니다. 이런 부류의 사람이 내게 상담을 요청한 적이 있다. 그 사람이 내게 상담을 청한 이유는 하나님께 등을 돌리고 교회를 떠난 것에 대해 나름대로 자신을 변명하고 합리화하기 위함이었다.

젊을 때에 나는 죄를 범했지만, 나는 영원한 언약의 피로 내 죄가 제거되고 깨끗케 되었다고 믿는다. 이렇게 믿는 것은 죄를 합리화하는 것이 아니다. 내가 분명히 말할 수 있는 것은, 문제가 있는데도 사람들에게 "괜찮습니다. 걱정 마십시오"라고 말한 적은 없다는 것이다. 목회자로서 갖추어야 할 미덕(美德)을 내가 많이 갖추고 있지 않다는 점을 인정한다. 그러나 나는 이런 사람에게 자신을 합리화할 수 있는 구실을 결코 제공하지 않았다. 하나님께 등을 돌리기를 원하면서 목회자인 내게서 그 구실을 얻기를 원했던 그 사람은 나의 타협을 이끌어내는 데 실패했다.

나를 찾아와 함께 이야기를 나눈 사람 중에는 승리와 기쁨으로 충만한 그리스도인의 삶의 비결을 깨달았지만, 부자 청년처럼 돌아간 사람들이 있다. 그들의 공통점은 두 세상에 살기를 원한다는 것이었다. 그들은 앨버트 벤저민 심슨(A. B. Simpson, 토저가 속했던 교단인 기독교선교연합의 설립자) 박사처럼 거룩하게 살면서, 동시에 이교도처럼 세상을 즐기기를 원했다. 그들은 로버트 머리 맥체인(Robert Murray McCheyne, 1813~1843. 스코틀랜드 교회의 목사)처럼 거룩해지기를 열망하면서, 동시에 세상을 마음껏 즐기기를 원했다. 그러나 하나님과 세상 사이에서 양다리를 걸치는 행위는 불가능하다.

어떤 부모들은 나를 찾아와 "목사님께서 지금처럼 세상과 세상의 시류(時流)를 비판하는 설교를 계속하신다면, 젊은이들이 모두 교회를 떠나고 말 것입니다"라고 충고하기도 한다.

이런 분들에게 나는 이렇게 대답한다.

"젊은이들이 교회를 떠나는 현상은 우려할 만한 일입니다. 그들이 떠나기로 작정한다면 저는 교회 문에 서서 슬피 울 것입니다. 그러나 적어도 저는 그들을 속이는 죄를 범하지는 않을 것입니다. 하나님을 사랑하는 동시에 세상도 사랑할 수 있다고 가르쳐서 그들을 통째로 지옥에 떨어뜨릴 수는 없습니다."

위선자가 되어 세상을 사랑할 수는 있다. 자기 기만에 빠진 종교 지도자로서 종교계에서 일하면서 세상을 사랑할 수는 있다. 현대의 저급하고 속물적인 그리스도인이 되어 세상을 사랑할 수는 있다. 그러나 성경을 믿는 진정한 그리스도인으로서 세상을 사랑하는 것은 불가능하다. 이렇게 믿는 사람이 나 혼자라면 참으로 슬픈 일이다. 하지만 그렇다 할지라도 나는 거짓을 말할 수는 없다.

젊고 부유한 지도자는 하나님을 원했지만, 결국에는 그의 돈과 재물을 택했다. 그는 자기가 가장 사랑하는 것을 계속 간직하기 위해 그 대가를 지불하는 것을, 즉 영생을 포기하는 것을 내심 슬퍼했다.

우리 주변의 많은 사람은 하나님께 등을 돌리고 이 세상을 선택한 것에 만족하는 것처럼 보인다. 그들은 자기들이 가장 사랑하는 것을 굳게 붙잡고 있으려는 확고한 의지를 가지고 있다. 그러나 실상 그들은 자기들의 선택에 대해 어떤 대가를 지불해야 하는지 알기 때문에 슬퍼한다. 그들은 원하는 것을 선택하여 소유하는 동시에 하나님을 버린 것을 슬퍼한다.

젊고 부유한 지도자 같은 사람들이 아직도 우리 주변에 많다. 십자가에 못 박힌 삶과 성령충만한 삶의 능력에 대해 묻고 그런 능력을 원하는 것만으로는 충분하지 못하다. 이 세상의 그 무엇보다도 그것을 간절히 원하고 추구해야 한다. 보혈의 능력을 얻으려면 예수 그리스도께 복종해야 한다. 우리는 가장 귀하게 여기는 것을 버리고 그분을 간절히 원하는 마음에서 아버지의 품으로 달려가야 한다.

예수님에게 등을 돌릴 때 젊은 부자의 가면은 벗겨졌다. 여전히 그는 위선자요 돈을 사랑하는 자요 탐욕스럽고 법을 어긴 자였다. 사실 그는 가룟 유다가 예수님을 팔았듯이 그분을 판 것이나 다름없다. 유다는 은 삼십을 받고 주님을 팔았다. 젊고 부유한 지도자가 예수님을 따르기를 거부하고 땅과 재물을 챙긴 것을 돈으로 환산하면 얼마가 될지 나는 알지 못한다.

예수님을 철저히 따르는 진정한 제자가 되기 위한 조건을 규정할 때 내가 지나치게 엄격한 것이 아니다. 나는 이 문제에 있어서 내가 신약만큼 엄격하다고 생각하지 않는다. 내가 볼 때,

나는 신약에서 제자가 되는 조건을 제시하신 예수님만큼 엄격하지 않다.

당신은 어떠한가? 당신이 정말 예수님을 따르기를 원한다면, 그분은 이렇게 말씀하실 것이다.

"묻는 것으로는 충분하지 않다. 삶에서 네가 가장 소중하게 여기는 것을 포기하고 나를 따르라."

chapter 06

내가 바로 예수를
십자가에 못 박은 자이다

오늘날 우리 속에서 용광로처럼 솟아오르는 분노와 악의가 예수님을 십자가에 못 박았다.
의도적으로 소득세 신고를 거짓으로 하는 당신의 근본적인 부정직함이 예수님을 십자가에 못 박았다.

그가 찔림은 우리의 허물을 인함이요 그가 상함은 우리의 죄악을 인함이라 그가 징계를 받음으로 우리가 평화를 누리고 그가 채찍에 맞음으로 우리가 나음을 입었도다 사 53:5

십자가 사건의 공범(共犯)들

현대에는 이상한 음모가 도사리고 있다. 심지어 기독교계에도 이런 음모가 숨어 있다. 이 음모는 죄에 대한 인간의 책임, 심판의 확실성, 하나님의 진노 그리고 십자가에 달린 구주(救主)의 필요성에 대해 서로 침묵하자는 공모(共謀)이다.

이와는 반대로 아주 강력하게 공개적으로 진행되는 운동이 있다. 전 세계를 휩쓸고 있는 이 운동은 예수 그리스도의 재판과 십자가 처형에 대한 역사적 책임을 면제시켜줌으로써 사람들에게 마음의 평안을 주는 것을 목적으로 삼는다. 형제애(兄弟愛)와 관용을 내세우며 등장하는 현대의 각종 주의(主義)와 선언문의 문제점은 그것들이 기독교 신학을 근본적으로 오해하고 있다는 것이다.

거대한 그림자가 모든 사람을 짓누르고 있다. 다시 말해서, 주께서 전 인류를 위해 상하고 다치고 십자가에 못 박히셨다는 사실의 그림자가 그들을 짓누르고 있다. 그러기 때문에 그들은 예수님을 십자가에 못 박은 책임에서 벗어나려고 무척 안간힘을 쓰고 있다.

유창한 달변으로 가룟 유다나 본디오 빌라도를 비난하지 말자. 경멸하는 눈초리로 유다를 쳐다보며 "네가 돈 때문에 예수님을 팔았다"라고 비난하지 말자.

의지력이 약했던 빌라도를 동정하자. 그는 그가 아무 잘못도 없다고 선언한 사람의 무죄를 주장하기 위해 분연히 일어설 용기가 없었을 뿐이다.

예수님이 십자가에 못 박히도록 그분을 넘겨준 유대인들을 욕하지 말자. 그분을 십자가에 눕히고 못질을 한 로마 군인들을 지목(指目)하여 비난하지 말자.

물론 그들에게 죄가 있는 것은 틀림없는 사실이다! 그러나 그들은 우리의 공범에 불과하다. 그들과 우리가 함께 예수님을 십자가에 못 박은 것이지, 그들만이 그렇게 한 것은 아니다. 오늘날 우리 속에서 용광로처럼 솟아오르는 분노와 악의가 예수님을 십자가에 못 박았다. 의도적으로 소득세 신고를 거짓으로 하는 당신의 근본적인 부정직함이 예수님을 십자가에 못 박았다. 사악함, 증오, 의심, 질투, 거짓말, 탐욕, 쾌락에 대한 육욕적 사랑 등… 자연인(自然人) 안에 있는 이런 것들이 모두 힘을 합쳐 예수님을 십가가에 매달았다.

당신의 지문도 발견되었다

최초의 인류 아담 이후에 태어난 모든 사람은 예수님을 십자가에 못 박는 데 동참했다. 우리는 이것을 인정해야 한다.

그리스도를 믿는다고 고백하는 그리스도인 중에 어떤 이들은 "저도 역시 예수님을 십자가에 매다는 데 동참한 사람입니다"라는 내적 고백의 고통과 부끄러움을 느끼지 못한 채 성찬식에 앉아 그분의 죽음을 추념한다. 이런 사람들을 볼 때 나는 정말 이해가 되지 않는다.

자연인(自然人)의 특징은 중요하지도 않은 하찮은 일에 정신을 쏟느라고 정작 생명이 걸린 중요한 문제에 신경을 쓰지 못한다는 것이다. 나는 이 사실을 당신에게 상기시키고 싶다.

사람들은 언제 어디서나 각종 주제에 대해 이야기를 나눌 수 있다. 최근 유행하는 패션에서부터 플라톤의 철학에 이르기까지 다양한 화제가 등장한다. 평화가 정착되어야 한다는 얘기도 나오고, 교회가 공산주의에 대항하는 견고한 요새가 되어야 한다는 주장도 나온다. 물론, 이런 이야깃거리에 당혹감을 느끼는 사람은 아무도 없다.

그러나 이런 이야기가 진행되는 동안에 누군가 "우리가 논의하고 고려해야 할 점이 있는데, 이것은 우리 영혼에 너무나 중요한 영적 주제입니다"라는 말을 꺼냈다고 치자. 그러면 순식간에 대화가 중단되고 금기 사항을 건드렸다는 듯이 어색한 침묵이 흐르기 시작한다. 기독교와 관련된 주제에 대해 대화하려면 어디까지나 이론적(理論的) 차원에서만 얘기하고, 그것을 개인에게 연결시키지 말아야 한다는 일종의 불문율(不文律)이 상류사회를 지배하는 것 같다.

그렇지만 우리에게는 언제나 간과할 수 없는 중요한 사실이 있다. 그것은 우리 주 예수 그리스도께서 찔림은 우리의 허물을 인함이고, 그분이 상함은 우리의 죄악을 인함이고, 그분이 징계를 받음으로 우리가 평화를 누리고, 그분이 채찍에 맞음으로 우리가 나음을 입었다는 사실이다(사 53:5).

여기에서 우리는 아주 강렬하면서도 끔찍한 두 단어를 보게 되는데, 그것은 바로 '허물'과 '죄악'이다.

'허물'은 정당한 권위에서 이탈하고 그것에 반역하는 것이다. 도덕의 영역에서 오직 인간과 타락한 천사만이 하나님의 권위에 반역하고 도전했다. 그리고 인간은 여전히 그분의 권위에 대항하는 극악무도한 죄를 범하고 있다.

'허물'과 '죄악'이라는 두 단어에 담긴 무서운 의미를 온전히 전달해줄 수 있는 말은 없다. 하나님께서 창조하신 우주 질서와 그분의 권위에 반항하는 인간의 타락과 허물에서는 도착(倒錯), 왜곡, 기형(畸形), 구부러짐 그리고 반역이 나타난다. 다시 말해서, 이런 것들이 모두 인간의 타락과 허물 속에 들어 있다. 이런 사실을 볼 때 우리는 예수 그리스도께서 왜 십자가에서 돌아가셨는지를 잘 알 수 있다.

'죄악'이라는 단어는 좋은 단어가 아니다. 하나님은 우리가 이 단어를 얼마나 싫어하는지 잘 아신다. 그러나 이 단어를 사용하지 않고 회피한다고 해서 죄악의 결과까지 회피할 수 있는 것은 아니다.

이사야 선지자는 우리 구주께서 우리의 죄악 때문에 상하셨다고 우리에게 상기시킨다.

우리는 이것을 부인하며 "아니오"라고 말하지만, 전 인류의 지문(指紋)이 우리를 대적하는 분명한 증거로 제시되고 있다. 노련한 경찰들이 탁자와 문의 손잡이에 지문을 남긴 어설픈 집 도둑을 쉽게 체포할 수 있는 것은 그의 전과기록이 그들에게 있기 때문이다. 이와 마찬가지로 사람들의 지문이 세계 곳곳의 어두운 지하실과 으슥한 뒷골목, 불빛이 희미하고 악한 기운이 감도는 장소에서 발견된다. 하나님은 모든 인간의 지문을 알고 계시기 때문에 누가 범인인지 금방 밝혀내실 수 있다. 그러므로 우리는 다른 사람에게 잘못을 뒤집어 씌워서 책임을 면할 수 없다. 죄악은 이론이나 개념의 문제가 아니라 우리 각 사람의 현실이다. 예수 그리스도께서 상하신 이유는 '우리'(나)의 죄악 때문이다.

우리 때문에

우리의 죄악과 허물 때문에 구주께서 상하고 찔리셨다. 나는 그분이 상처를 받으셨다는 것이 무엇을 의미하는지 언급하고 싶지 않지만, 부득이 말하지 않을 수 없다. 그것은 그분이 모독을 당하고 깨어지고 얼룩지고 더러워지셨다는 것을 의미한다. 십자가 사건 때 사람들의 악한 손에 고난을 당하신 분은 다름 아닌 예수 그리스도이셨다! 즉시 그들은 주님을 모독하고 그분께 굴욕감을 안겨드렸다. 그들은 예수님의 수염을 뽑았다. 주님은 자신의 피로 얼룩지고 땅의 흙먼지로 더러워지셨다. 그러나 주님은 어느 누구도 비난하지 않고 욕하지 않으셨다. 그분은 '상처받은 분' 예수 그리스도이셨다.

이스라엘 민족의 끔찍한 실수는 예루살렘 성 밖의 언덕에서 상처받은 이 분이 그 자신의 죄 때문에 벌을 받는 것이라고 판단한 것이었다.

이사야 선지자는 이러한 역사적 오판(誤判)을 예견했고, 그 자신이 유대인으로서 이렇게 말했다.

"그는 실로 우리의 질고를 지고 우리의 슬픔을 당하였거늘 우리는 생각하기를 그는 징벌을 받아서 하나님에게 맞으며 고난을 당한다 하였노라"(사 53:4).

예수님은 우리 때문에 모욕을 당하셨다. 성삼위 하나님 가운데 제2위격(位格)이신 분이 우리 때문에 상처를 입으셨을 뿐 아니라, 무지하고 비열한 사람들에게 모욕을 당하신 것이다.

이사야는 "그가 징계를 받음으로 우리가 평화를 누리고"라고 증거한다. 이 평화(즉, 개인의 건강, 번영, 복지 그리고 안전) 때문에 우리가 하나님께 나아갈 수 있다는 것을 깨닫는 사람은 너무 적다.

각자가 원하기만 하면 하나님께 나아가 그분과 화평할 수 있는 것은 그리스도께서 징계를 받으셨기 때문이다. 우리가 아닌 그분이 징계를 당하셨다! 징계는 책망, 처벌, 교정 등의 의미를 포함한다.

굴욕적인 형벌

예수님은 로마법에 따라 공개적으로 매를 맞고 채찍으로 맞으셨다. 훗날 사도 바울이 그랬던 것처럼 그분은 사람들이 보는 데서 채찍에 맞으셨다. 주님은 조롱하는 대중 앞에서 형벌을 담당하셨다. 주께서 상하고 붓고 피 흘리신 것은 세상의 평화와 각 개인의 심령에 평안을 주시기 위함이었다. 고통을 당하신 분은 예수님이시다. 그분이 우리의 평화를 위해 징계를 당하셨던 것이다!

성인(成人)을 많은 사람들 앞에서 매질하고 채찍질하는 것이야말로 인류가 고안해낸 가장 굴욕적인 형태의 형벌이라고 생각한다. 사실 감옥에 갔다 온 사람들이 대중에게 영웅으로 비쳐지는 경우가 종종 있다.

여러 형태로 법을 어긴 자들에게 무거운 벌금의 형벌이 내려지지만, 그런 벌금을 내지 않고 교묘히 빠져나갔다고 자랑하는 사람들도 있다. 그러나 옷을 허리까지 벗기고 그를 조롱하는 많은 사람 앞으로 끌어내어 마치 못된 아이에게 매질을 하듯이 그에게 채찍질을 가한다면, 그는 심히 부끄러움을 느껴서 얼굴을 들지 못할 것이다. 이런 일을 겪은 후에 과거의 당당했던 그의 모습은 온데간데없이 사라질 것이다. 굴욕적인 징계를 받아 기가 꺾이고 말 못할 수치심을 느끼게 되기 때문이다. 등을 때리는 채찍보다 더 큰 고통을 주는 것은 그것으로 인한 수치심과 굴욕감이다.

죄를 용서받고 의롭게 된 죄인으로서 나는 다음과 같이 고백하고 싶은 심정이다.

"회개할 때 나는 예수님이 우리를 대신해 당하신 상처와 징계의 극히 일부분을 맛보기로 결심했다."

추측하건대 나뿐만 아니라 나처럼 용서받고 거듭난 수많은 성도가 이와 같은 심정일 것이다. 자신의 죄와 하나님을 대적한 반역이 얼마나 무서운 것인지를 깨닫고 진정으로 회개하는 사람은 자신의 죄 많은 모습에 극도의 혐오감을 느낀다. 이런 사람은 죄로 인한 자신의 형벌을 경감해달라고 용서를 빌 엄두조차 내지 못한다.

그러나 감사하게도, 우리는 평안을 얻을 수 있다. 왜냐하면 우리 대신 그리스도께서 고난을 당하셨기 때문이다. 그분은 공개적으로 강도와 함께 굴욕과 수치를 당하셨다. 그분은 자신이 범하지도 않은 죄 때문에, 사랑의 창조주 하나님을 능욕(凌辱)하는 인류의 죄악 때문에 채찍에 맞아 찔리고 상하고 피를 흘리셨다.

십자가의 시작과 끝

이사야 선지자는 그리스도 속죄의 메시지를 "그가 채찍에 맞음으로 우리가 나음을 입었도다"(사 53:5)라는 말로 명쾌히 요약했다.

여기에서 "채찍에 맞음으로"라는 말의 원어(原語)는 굉장히 무서운 표현이다. 이 말은 본디 '온 몸이 한 군데도 성한 곳이 없을 정도로 시퍼렇게 멍이 들 때까지 맞는 것'을 뜻한다. 언제나 인류는 육체적 고통을 형벌의 수단으로 사용해왔다. 사회는 잘못을 저지른 사람에게 벌을 줄 수 있도록 법적인 장치를 마련해왔다. 대개의 경우, 형벌은 범죄의 성격에 따라 결정된다. 형벌은 일종의 보복이다. 사회 규범을 범한 사람에게 사회가 보복하는 방법이 형벌이다.

그러나 예수 그리스도의 고난은 죄에 대한 형벌이 아니었다. 주님의 고난은 자기 자신 때문에 생긴 것이 아니었다. 그분의 고난은 그분의 행위에 대한 형벌이 아니었다.

예수의 고난은 교정(矯正)의 의미를 갖는다. 그분은 우리를 고치고 온전케 만들기 위하여 기꺼이 고난을 당하셨다. 주님의 고난이 고난으로 시작하여 고난으로 끝나도록 하기 위해서가 아니라, 고난으로 시작하여 치유로 끝나도록 하기 위함이다. 그래서 예수님은 고난을 통과하셨다.

사랑하는 형제여! 이것이 십자가의 영광이다! 이것이 하나님께서 그토록 오랜 세월 동안 마음에 품고 계셨던 고결한 희생의 영광이다. 이것이 회개하는 죄인으로 하여금 그의 창조주 하나님께 나아와 평안과 은혜의 교제를 나눌 수 있도록 하는 속죄의 영광이다. 십자가는 그리스도의 고난으로 시작되었지만, 우리의 치유로 끝난다. 십자가는 그분의 찔림으로 시작되었지만, 우리의 깨끗케 됨으로 끝난다. 그것은 그분의 상함으로 시작되었지만, 우리의 정화(淨化)로 끝난다.

무엇이 회개인가? 무엇보다도 회개는 우리 주 예수 그리스도께 상처를 입힌 것에 대해 양심의 가책을 느끼는 것이다. 진정으로 회개한 사람도 양심의 가책을 완전히 극복하는 것은 아니다. 왜냐하면 하나님께 용서받고 깨끗함을 얻자마자 그분께 작별인사를 하고 떠나는 것이 회개가 아니기 때문이다.

회개를 할 때 날카로운 고통의 감정이 누그러지고 대신 기쁨과 평강이 찾아오는 것은 당연한 일이다. 하지만 의롭다 함을 얻은 사람 중에 지극히 거룩한 사람이라 할지라도, 그는 자신이 하나님의 어린양께 무한한 고통을 안겨줬던 사실을 다시금 떠올린다. 이런 생각이 계속해서 떠오르면 그는 충격을 받고 놀랄 것이다. 왜냐하면 상처와 찔림을 받은 하나님의 어린양이 자기에게 고통을 준 사람들을 자기의 상처를 이용하여 깨끗케 하고 용서하셨기 때문이다.

  이 이야기를 하니까 생각나는 것이 있는데, 그것은 여러 복음주의 교파에서 은혜로운 움직임이 일어나고 있다는 것이다. 이것은 영적으로 메마른 시대에 존 웨슬리가 가르치고 모범을 보인 '영적이고 깨끗한 심령'을 향해 나아가려는 움직임이다.

  '성화'(聖化)라는 말은 기독교에서 사용하는 아름다운 단어이지만, 역사적으로 볼 때 복음주의적 교회들이 '열광적 신자들'로 불리는 것을 두려워하여 이 단어를 거의 사용하지 않았던 시대도 있었다.

  그러나 '성화'라는 좋은 단어가 다시 사용되기 시작한다. 나는 하나님께서 원하시는 성화가 이런 변화의 물결에 힘입어 우리에게 진정으로 일어나기를 간절히 소망한다.

  믿음 있는 그리스도인, 즉 하나님의 자녀에게는 순수한 마음과 깨끗한 손을 원하는 거룩한 갈망이 있어야 하는데, 그 까닭은 하나님께서 그것을 기뻐하시기 때문이다. 우리의 마음이 순수해지고 우리의 손이 깨끗해지도록 만들기 위해 예수께서 스스로 굴욕과 멸시와 고통을 당하셨던 것이다. 주님이 찔리고 상하고 징계를 받으셨던 이유는 하나님의 백성을 깨끗하고 신령한 백성으로 만들기 위함이다. 다시 말해서, 우리의 마음과 생각을 깨끗케 하기 위함이다. 이런 목적을 이루기 위한 하나님의 행하심은 그리스도의 고난으로 시작되어 우리의 정결함으로 끝난다. 그것은 예수님의 공개적인 피 흘림의 상처로 시작되어, 우리의 평안한 마음과 조용하고 기쁨에 찬 선행(善行)으로 끝을 맺는다.

너무나 놀라운 경건의 신비

예수 그리스도를 믿고 겸손히 그분께 헌신하는 성도는 이 경건의 신비를 접하고 그것에 가슴 설레고 놀라야 한다. 다시 말해서, 그들은 인자(人子)가 우리 대신 심판과 형벌을 기꺼이 담당하신 것에 감동하고 감격해야 한다. 그리스도인에게 이런 감동과 감격이 없다면, 무엇인가 잘못된 것이므로 그런 사람은 돌덩이처럼 굳은 자신의 마음 밭을 갈아엎어야 한다.

역사상 가장 거룩한 사람으로 꼽힐 수 있는 사도 바울은 그토록 악한 자신에게 하나님의 은혜와 자비가 임한 것을 담대히 고백했다. 그는 하나님께서 과거 자신이 지었던 죄들을 영원히 문제 삼지 않으신다는 것을 알았다. 자기 죄의 문제가 완전히 해결된 것을 확신한 그는 모든 것에 평안함을 누리며 기뻐할 수 있었다. 또한 바울은 하나님의 은혜에 크게 놀라며 이렇게 고백했다.

"나는 부름 받을 자격이 없는 사람이지만, 그분의 은혜로 예수 그리스도 안에서 새로운 피조물이 되었다."

내가 바울의 믿음과 평안과 기쁨에 대해 언급하는 이유는, 의롭다 함을 얻었다 할지라도 언제나 회개하는 겸손한 마음으로 살아가지 않으면 우리의 신앙이 뒷걸음질 칠 수밖에 없음을 말하기 위함이다.

하나님을 위해 위대한 일을 한 찰스 피니(Charles G. Finney, 1792~1875. 19세기 초 미국에서 부흥운동을 주도적으로 이끈 인물)는 다음과 같이 고백했다.

"사람들을 그리스도에게 인도하기 위해 힘쓰고 애쓰는 중에 나는 때때로 마음이 차가워졌다."

이렇게 마음이 차가워질 때 그는 변명하지 않았다. 오히려 모든 활동을 중단하고 기도하고 금식하며 하나님의 얼굴과 성령충만을 새롭게 구했다. 그는 고백했다.

"나는 불이 붙고 하나님을 만날 때까지 내 마음을 갈아엎었다."

이것은 자신의 믿음의 열정이 식는 것을 걱정하는 하나님의 자녀들에게 매우 도움이 되는 귀중한 충고이다.

승리의 생활 요건

그리스도의 몸, 즉 그분의 교회를 구성하고 있는 우리가 그분을 위해 기쁨으로 봉사하고 승리하기 위해서는 다음과 같은 두 가지가 꼭 필요하다.

첫째, 우리는 그리스도의 상처로 인하여 깨끗함을 입었으며 그분이 채찍에 맞았기 때문에 하나님과 화목하게 되었다는 사실을 분명히 깨달아야 한다. 이런 깨달음을 통하여 하나님께서는 우리가 내면적으로 아무 문제없다는 것을 확신시켜주신다. 이런 영적 상태에서 우리는 그분의 깨끗케 하심의 순수성을 소중히 여길 것이고, 우리의 어떤 악이나 잘못에 대해 변명하지 않을 것이다.

둘째, 우리는 우리를 위해 찔리고 상하신 우리 주 예수 그리스도의 사랑에 놀라고 기뻐하면서 감사해야 한다. 아! 구속(救贖)의 신비가 얼마나 놀라운가! 한 분이 상하여 많은 사람의 상함이 고침을 받았다. 한 분의 상처가 수백만 백성의 상처를 치유했다. 한 분이 채찍에 맞음으로 많은 사람의 병이 나았다.

우리에게 임해야 마땅한 찔림과 상함이 주께 전가되었다. 주님 때문에 우리가 구원을 얻은 것이다!

여러 해 전에 한 무리의 장로교 신자들이 모였다. 그들은 이후에 자신들의 모임이 역사적으로 얼마나 대단한 의미를 갖게 될 것인지 알지 못했다. 그들은 그리스도께서 모든 사람의 죄를 담당하는 제물이 되기 위해 육체로 이 땅에 오신 신비에 놀라고 감탄했다.

이 겸손한 그리스도인들은 서로에게 이렇게 말했다.

"앞으로 석 달 동안 자중(自重)하고 자애(自愛)해서 우리의 마음을 살펴 하나님을 섬기고 그분의 얼굴을 구합시다. 그런 다음 우리의 마음이 온전히 준비된 상태에서 성찬상(聖餐床)으로 모입시다. 그러면 우리 주님의 거룩한 식탁이 하찮은 것으로 전락하지 않을 것입니다."

지금도 하나님께서는 겸손하고 정결하고 신뢰하는 심령을 찾으신다. 왜냐하면 하나님께서는 그런 사람을 통해 그분의 능력과 은혜와 생명을 드러내실 수 있기 때문이다. 식물학 전공의 대학교수는 광야의 떨기나무에 대해 모세보다 훨씬 더 잘 설명할 수 있다. 하지만 지금도 하나님께서는 떨기나무의 거룩한 불을 통해 말씀하시는 주님의 음성을 듣기 전에는 결코 만족하지 못하는 진실한 영혼을 찾고 계신다.

과학자는 떡과 포도주의 구성요소와 특성에 대해 사도들보다 훨씬 더 잘 설명할 수 있다. 그런데 떡과 포도주가 우리에게 있을지라도 하나님의 임재의 빛과 따뜻함은 없을 수도 있다. 이런 상황은 우리가 위험에 처했다는 것을 입증한다. 이런 상태에서 벗어나지 못하면, 떨기나무에서 불이 사라질 것이고, 우리의 성찬과 교제에서 영광이 떠날 것이다.

우리가 역사적 사실과 과학적 지식을 아는 것은 그렇게 중요하지 않다. 중요한 것은 '의로운 분' 예수 그리스도를 우리에게 주신 살아 계신 하나님의 임재를 갈망하고 소중히 여기는 심령이다. 예수 그리스도는 우리 죄뿐 아니라 온 세상의 죄를 위한 화목제물이시다(요일 2:2).

chapter 07

당신이 구원받았다면, 당신의 믿음을 확증하라

하나님의 영이 우리의 삶 속에서 그리스도를 계시하시지 않으면, 어느 누구도 그리스도를 사랑할 수 없다.
성령님이 영적 생명과 체험을 통해 능력을 주시지 않으면, 어느 누구도 "예수님은 주님이시다"라고 고백할 수 없다.

예수를 너희가 보지 못하였으나 사랑하는도다 벧전 1:8

체험하지 못한 사람을 사랑할 수는 없다

한 번도 보지 못했더라도 자기 가족을 사랑하는 일은 가능하다. 그러나 어떤 방식이든지 간에 한 번도 체험해보지 못한 사람을 사랑하는 일은 불가능하다.

사도 베드로는 육신으로 이 땅에 계신 예수님을 두 눈으로 똑똑히 보았던 사람이다. 그런 베드로가 모든 그리스도인에게 "예수를 너희가 보지 못하였으나 사랑하는도다. 이제도 보지 못하나 믿고 말할 수 없는 영광스러운 즐거움으로 기뻐하니"

(벧전 1:8)라고 확실히 말했다.

베드로의 말에는 다음과 같은 뜻이 담겨 있다.

"예수님을 사랑하고 예수님을 위해 일하고 예수님을 위해 살아라. 그분을 친히 본 사람으로서 내가 증거하건대 여러분이 그분의 얼굴을 본다면, 그분을 사랑하고 그분을 위해 일하고 그분을 위해 사는 것이 온전히 가치 있는 일임을 알게 될 것이다."

언젠가 베드로가 갈릴리 바닷가에서 고기잡이를 위한 허드렛일을 열심히 하고 있었다. 그때 온화한 한 분이 걸어오셨다. 그분은 사람을 끌어당기는 놀라운 힘을 가졌고, 그분의 얼굴에서는 이해하기 힘든 위엄이 풍겼다. 그분이 베드로에게 손짓을 하실 때 그 큰 체격의 어부는 뛰어올라 그분을 좇기 시작했다. 그리고 그후 3년 동안 그분을 따라다니며 함께 생활했다.

예수님을 부인한 후에 베드로는 쓰라린 눈물과 통곡의 의미가 무엇인지 체험적으로 알게 되었다. 십자가에 달리신 메시아의 부서진 몸을 기억할 때마다 그는 종종 눈물을 흘렸을 것이다. 그러나 또한 그는 부활 후에 찾아와 그의 머리에 손을 얹고 그를 용서해주신 주님을 두 눈으로 분명히 보았다.

물론 십자가 사건 전에도 그는 영광 중에 거하시는 주님을 보았다. 그리고 부활 후 감람산에서 제자들을 떠나 하늘로 올라가시는 주님을 보았다. 그는 이 모든 일을 그의 주 예수 그리스도와의 교제 속에서 체험했다.

이렇게 육체로 이 땅에 계셨던 예수님을 친히 목도한 베드로는 감동을 받아 여러 곳에 산재(散在)해 있는 나그네들, 즉 '흩어져 있는 그리스도인들'에게 편지를 보냈다. 그는 우리가 육체로 거하신 그리스도를 보지 못했지만, 그럼에도 불구하고 그분을 사랑해야 함을 알려주기 위해 편지를 썼다.

보지 못하고 믿는 자

주 예수 그리스도는 육체로 거하신 그분을 보지 못했음에도 불구하고 그분을 믿는 그리스도인들에게 인정과 축복의 도장을 찍으셨다. 부활하신 주님은 도마에게 "너는 나를 본 고로 믿느냐 보지 못하고 믿는 자들은 복되도다"(요 20:29)라고 말씀하셨다.

그리스도인이 '주님이 이 땅에 계셨던 2천 년 전에 내가 살았더라면!'이라고 슬퍼하는 것은 어리석은 행동이다. 사실 이런 태도를 반영하는 찬송가가 있는데, 그것은 우리 대부분이 언젠가 불렀던 다음과 같은 어린이 찬송가이다.

나는 예수님에 관한 아름다운 옛이야기를 읽습니다.
그분은 여기 이 땅에서 사람들과 함께 계셨습니다.

그분은 어린아이들을 마치 양처럼 그분의 우리로 부르셨습니다.
아, 그때 내가 그분과 함께 있었다면 얼마나 좋았을까요!

공적(公的)으로 이 찬송가에 반대하는 것은 아니지만, 이 찬송가에 대한 성경적 근거를 찾아볼 수 없다는 것이 나의 솔직한 판단이다. 지금도 우리는 예수님을 만날 수 있다. 하나님께서 그럴 수 있도록 정해놓으셨다고 나는 믿는다. 육신으로 거하시는 예수님을 본 적이 없는 우리가 그분을 직접 목격했던 베드로보다 그분을 더 사랑할 수 있도록 하나님께서 문을 열어놓으셨다.

체험하면 사랑할 수 있다

이제 다른 사람을 체험적으로 아는 문제에 대해 생각해보자. 어떤 사람은 불행하게도 청력이나 시력을 상실한 채 태어난다. 청력을 상실한 사람은 시력의 도움을 받아 친구와 친척을 알고 체험하고 그들의 소중함을 느낄 수 있다. 청력은 있지만 시력이 없는 사람도 귀의 도움을 받아 주변 사람들의 음색과 말투를 분별하여 그들을 알고 그들의 사랑을 느낄 수 있다. 심지어 청력과 시력이 모두 없는 사람조차도 가까운 사람들을 체험하고 그들의 소중함을 느낄 수 있다.

그 좋은 예가 헬렌 켈러(Helen Keller, 1880~1968. 시각과 청각 장애가 있는 미국의 저술가이자 사회사업가)이다. 그녀는 민감한 손가락으로 주변 사람들의 얼굴을 만져서 그들을 알고 사랑했다.

헬렌 켈러에 대해 전해지는 이야기가 하나 있다. 젊은 헬렌 켈러는 누군가의 소개로 위대한 테너 엔리코 카루소(Enrico Caruso, 1873~1921. 이탈리아의 유명한 테너 가수)를 만났다. 귀로 소리를 들을 수 없었던 그녀는 그가 오페라 한 곡을 부르는 동안 그의 목과 가슴뼈를 만질 수 없겠느냐고 부탁했다. 그녀는 못에 박힌 듯 꼼짝 않고 서서 손가락으로 그의 목소리가 진동하는 폭을 예민하게 느꼈다. 귀로 듣지는 못했지만, 그녀는 손가락의 감각과 같은 지극히 특이한 방법으로 위대한 테너 가수를 체험했던 것이다!

우리는 보지 못한 사람을 사랑할 수는 있어도, 어떤 방식으로든 체험하지 못한 사람을 사랑할 수는 없다. 우리가 체험하는 영역 안으로 한 번도 들어온 적이 없는 사람에 대해 어떤 감정을 느끼는 것은 불가능하다.

예를 들어보자. 내가 에이브러햄 링컨을 사랑할 수 있는가? 잘 알듯이, 링컨은 이미 죽은 사람이다. 나는 그를 기억나게 하는 물건이나 장소를 소중히 여기고, 그가 미국 사회에 큰 공헌을 한 것을 존경한다. 나는 링컨이 위대한 사람이었다고 믿는다. 그러나 그를 향한 감정적 반응이 일어나지는 않는다.

만약 내가 그의 시대에 살아서 그와 서신을 주고받았다면, 그의 훌륭한 인격을 느끼며 그를 향한 감정과 애정을 갖게 되었을 것이다. 그러나 현재의 나로서는 단지 그에 대해 알 뿐이다. 그와 어떤 형태의 교류도 없기 때문이다.

물론 다른 사람과 우편을 통해 편지를 주고받다가 사랑에 빠졌다고 고백하는 이들이 있다. 편지를 주고받는 방식을 통해 다른 사람을 체험하는 것은 가능하다. 한 번도 본 적이 없는 사람의 편지를 읽으며 그 사람의 맥박을 느끼고, 상상을 통해 그 사람의 모습을 그리다가 사랑을 느끼는 일이 가능하다. 이런 일은 실제로 일어난다.

하나님께서는 우리에게 놀랍고 신비로운 능력을 주기를 기뻐하신다. 그렇기 때문에 우리 인간은 우리가 보지 못한 사람을 알고 체험하고 사랑할 수 있다.

그렇기 때문에 베드로는 우리에게 예수 그리스도를 증거하면서 "너희가 육신으로 계시는 그분을 보지 못했지만, 그럼에도 불구하고 그분을 사랑할 수 있고 또 마땅히 사랑해야 한다"라고 말하는 것이다. 그러나 베드로가 "너희가 체험과 성령과 그분의 말씀 안에서 그분을 만나지 않고도 그분을 사랑할 수 있다"라고 말하는 것이 아니라는 사실을 명심하라.

인생 최고의 기쁨

예수 그리스도를 영적으로 분명히 체험해야 한다는 것을 부정하는 사람이 있는데, 이런 사람으로 하여금 하나님을 사랑하도록 하는 것은 참으로 부질없는 짓이다.

많은 교회는 거듭남, 그리스도의 보혈을 통한 구속(救贖), 성령의 조명을 의지하는 법을 가르치지 않으면서 그리스도에 대한 관심과 사랑을 불러일으키려고 안간힘을 쓴다. 참으로 헛수고이다! 나는 이 같은 교회들을 도저히 이해할 수 없다!

하나님의 영이 우리의 삶 속에서 그리스도를 계시하시지 않으면, 어느 누구도 그리스도를 사랑할 수 없다. 성령님이 영적 생명과 체험을 통해 능력을 주시지 않으면, 어느 누구도 "예수님은 주님이시다"라고 고백할 수 없다.

이런 사실을 잘 알고 있는 나로서는 이렇게 묻지 않을 수 없다.

'예수 그리스도께서 구주이심을 부인하는 교회에 다니는 사람들이 어찌 그분을 사랑하고 섬기고 영화롭게 할 수 있겠는가?'

그리스도를 보지 못한 성도가 그분께 헌신하고 충성할 수 있는 것은 그분을 사랑하기 때문이라고 베드로는 말했다. 그렇다! 그분을 알고 사랑하는 것이 기독교의 핵심이다.

예수님은 유일하신 참 하나님과 그의 보내신 자를 아는 것이 영생이라고 가르치신다(요 17:3). 그렇다! 하나님을 아는 것이 영생이다. 그리고 이 영생을 교인들에게 잘 가르치고 설명하는 것이 교회의 사명이다.

우리는 사랑하는 사람이 기뻐하는 일을 언제나 기쁨으로 할 수 있다. 이것이 사랑의 놀라운 속성이다. 마찬가지로 예수님을 정말로 사랑하는 그리스도인은 그분을 섬길 때 지겨워하거나 짜증내지 않는다.

주님은 기쁜 마음으로 그분을 섬길 수 있는 마음을 우리에게 부어주신다. 내가 이렇게 말하는 이유는, 대개의 교회에서 성경적 근거가 없는 것들을 예배에 도입하려고 하기 때문에 사람들이 예배를 지루하고 싫증나는 것으로 여긴다는 사실을 지적하기 위함이다.

사랑하는 사람을 위해 노래를 부르는 일은 언제나 기쁘고 즐겁다. 이것에 대한 좋은 예가 있다. 나는 종종 할아버지와 할머니들을 만나는데, 그럴 때면 그 분들은 무언가를 꺼내서 자랑스럽게 보여준다. 그것은 어르신들의 재주 많고 귀여운 손자 손녀의 사진이 들어 있는 지갑이나 사진첩이다. 그들이 손자 손녀를 그토록 기뻐하는 것은 그들을 정말로 사랑하기 때문이다!

주님을 정말로 사랑하는 사람들은 "나는 예수님의 큰 사랑을 발견하고 날마다 믿음 가운데 그분을 따르고 섬기면서 그 사랑에 보답하려고 합니다"라고 말할 수 있는 것을 인생 최고의 기쁨으로 여긴다.

이름과 직함

예수님과의 가까운 교제 속에서 그분을 체험한 베드로는 그의 편지에서 우리 주 예수 그리스도에 대해 종종 언급한다. 그는 예수님을 알았고 예수께 직접 배웠다. 그가 구주의 이름(name)과 직함(title)을 언급할 때마다 우리는 그의 태도에서 주님을 향한 존경과 그분의 위엄을 느낄 수 있다.

'예수'는 구주의 이름이다. 이것은 주의 사자가 요셉에게 "아들을 낳으리니 이름을 예수라 하라 이는 그가 자기 백성을 저희 죄에서 구원할 자이심이라"(마 1:21)라고 전했기 때문이다. '예수'라는 이름은 "여호와께서 구원하신다"라는 뜻으로, '여호수아'와 동일한 의미를 가진다.

예수님이 요단강에 가서 성령의 기름부음을 받으실 때 그분께는 '기름부음을 받은 자'라는 직함이 생겼다. 우리는 이 직함을 간단하게 '그리스도'라고 적는다. 그러므로 '예수 그리스도'라는 말은 그분의 이름과 직함을 함께 부르는 표현으로서, 그 의미는 "기름부음을 받은 자 예수"이다.

예수님이 죽은 자들로부터 부활하셨을 때 그분은 하늘에 있는 자들과 땅에 있는 자들과 땅 아래 있는 자들 가운데 가장 높은 분이 되셨다. 만유(萬有)보다 높아지셨기 때문에 그분께는 주권과 지배를 위한 권세와 지혜와 능력을 가진 '주'(主)라는 직함이 주어졌다.

'예수'는 "구원자"를 의미하고, '그리스도'는 "기름부음을 받은 자"를 의미한다. 그리고 '주'(主)는 글자가 의미하는 대로 "지배권을 가진 자"를 뜻한다. 그러므로 '주 예수 그리스도'는 "모든 피조 세계를 지배하는 분"을 가리킨다.

예수 그리스도가 피조 세계에서 어떤 위치를 차지하시는지를 살펴보기 전에 먼저 꼭 일러둘 것이 있다. 그것은 바로 성경과 교회생활이 예수 그리스도 안에서 나타난 하나님의 최종적 계시(啓示)에 전적으로 의존한다는 것이다.

우리 주 예수 그리스도는 아버지와 함께 계셨던 분이요 그 자신이 하나님이셨다. 하나님이신 그분께는 하나님의 신비와 위엄과 능력과 영광을 온 우주에 드러내야 할 사명이 주어졌다.

사람들은 될 수 있는 대로 아름다운 이름을 총동원하여 하나님의 아들을 위엄 있게 묘사하려고 애쓴다. 그분은 '치료하는 광선을 발하는 의로운 해'로 불리신다(말 4:2). 그분은 야곱 위에 비추는 별이라고 불리신다. 그분은 달처럼 밝은 모습으로 그분의 신부(新婦)와 함께 나오는 분으로 묘사된다. 그분의 입재는 땅에 내려서 아름다운 경치와 결실을 선사하는 비(雨)에 비유된다. 그분은 큰 바다나 솟아오른 바위로 묘사되고, 튼튼한 백향목에 비유된다. 또한 그분은 호수와 강과 산과 평야의 아름다운 장관을 내려다보며 하늘을 나는 독수리로 표현되기도 한다.

신구약 성경의 중심

성경의 어느 쪽을 펼치더라도 당신은 예수님을 찾을 수 있다. 하나님께서는 당신이 성경을 읽을 때마다 거룩한 창조주와 구속자 그리고 주님을 만날 수 있도록 성경을 만들어놓으셨다. 따라서 당신은 성경에 없는 것을 그것에 집어넣어 읽을 필요가 없다.

성경을 읽을 때 하늘을 배경으로 우뚝 솟은 소나무처럼 우뚝 서 계신 예수 그리스도가 보이지 않는가? 그렇다면 다시 한 번 자세히 보라. 그러면 그분이 쇠창살 사이로 당신을 향해 손을 내밀고 계시는 모습이 보일 것이다. 성경을 읽을 때 눈부신 태양처럼 강하게 나타나시는 분이 보이지 않는가? 그렇다면 다시 한 번 자세히 살펴보라. 그러면 하늘에서 떨어지는 이슬비처럼 조용히 내려 당신을 소생케 하시는 분이 보일 것이다.

성경의 어느 부분을 읽더라도 나는 언제나 나에게 손짓하시는 예수 그리스도를 보았다. 어떤 사람이 구약성경이 기독교와 관계가 없다고 주장하더라도 동요하지 말라. 하나님은 우리에게 신약만 주신 것이 아니라 신구약을 모두 주셨다. 이 땅에서 가르치실 때 예수님도 자신과 자신의 사역을 예언한 구약의 많은 구절을 언급하셨다.

예를 들어보자. 하체 없이 상체만 있는 사람은 존재할 수 없다. 생명 유지에 필수적인 기관이 없기 때문이다.

성경은 유기적(有機的) 계시의 두 부분, 즉 구약과 신약으로 이루어져 있다. 인간의 몸이 허리를 기준으로 상체와 하체로 나뉘듯이, 성경도 구약과 신약으로 구분될 수 있다. 그런데 산 사람을 둘로 나누면 사람이 죽듯이, 구약과 신약의 유기적인 결합으로 이루어진 한 권의 성경을 둘로 자르면 성경은 피를 흘리고 죽을 것이다.

신구약 전체를 하나님의 말씀으로 받아들이고 읽자! 예수 그리스도가 신구약 전체에서 발견되는 사실에 대해 굳이 변명하려고 애쓸 필요가 없다. 왜냐하면 예수님이 신구약 전체에 계신 것은 너무나 당연한 일이기 때문이다.

길이요 진리요 생명이신 예수 그리스도를 성경에서 발견하지 못한 사람들이 설교하는 경우가 간혹 있다. 내가 볼 때 그런 사람들은 영적으로 완전히 눈이 먼 자들이다. 그렇게 맹목적인 기독교 지도자들이 있다는 사실이 놀라울 따름이다! 주 예수 그리스도는 아버지께서 보내신 그분의 계시이다. 성경은 인간을 위한 하나님의 책이고, 인간에게 필수적인 진리이다. 단, 이 말은 그리스도의 존재를 전제 조건으로 할 때에 가능하다.

유일한 존재 이유

오늘날 많은 성도가 여러 가지 문제를 가지고 교회에서 씨름한다. 그러나 사실 교회의 존재 이유는 딱 하나이다. 그것은 예수 그리스도의 생명과 자비와 은혜를 증거하는 일이다. 그리스도의 몸이 된 교회가 그것의 머리가 되시는 예수님과 어떤 관계에 있는지를 연구해보라. 그러면 교회생활과 그곳에서 선포되어지는 증거가 오로지 그분을 중심으로 돌아간다는 사실을 쉽게 알 수 있을 것이다.

내가 '교회'라고 말할 때 그것이 어떤 특정 교파의 교회를 지칭하는 것이 아님을 기억하라. 내가 말하는 교회는 '그리스도의 교회'이다. 그리스도의 교회는 예수님이 자신의 보혈로 산 교회요 죽은 자들로부터 제일 먼저 태어나신 분의 교회이다. 바꾸어 말하면, 성령의 일하심을 통해 하나님나라로 들어온 거듭난 성도들이 모두 그리스도의 교회이다.

교회가 무엇인지를 잘 보여주는 예가 사도행전 13장에 나온다. 성도들은 주님을 섬기며 금식했다. 이것이 교회의 주요 관심사요 사역이다. 그러므로 '어떤 교파냐?'라는 것은 문제가 되지 않는다.

주 예수 그리스도가 계신 곳에는 어디에나 교회가 있다. 예수님과 그분의 무리가 모여 교제하는 곳이 그분의 교회이다.

몇 년 전, 아주 유명한 교육자의 교수법이 화제가 되었다. 그때 사람들은 "가르치는 데 정말 탁월한 저 선생을 통나무의 한쪽에 모셔다놓고 그 반대편에 학생을 한 명 데려다놓아라. 그러면 그곳이 바로 대학이다!"라고 말하곤 했다.

그렇다! 대학에서 중요한 사람이 훌륭한 선생이듯이, 교회에서 중요한 분은 예수 그리스도이시다. 그리스도께서 그분의 영(靈)에 이끌려 성도들에게 찾아오시는 곳, 그곳이 바로 교회이다. 유지비나 간접비 또는 선거(選擧)가 없어도 교회는 존재한다. 그렇다면 교회가 존재하기 위해 필수적으로 갖추어야 할 요건은 무엇인가? 그것은 그리스도께서 자신의 백성 중에 거하시면서 그곳의 중심이 되시는 것이다.

일부 교파는 교리가 가장 중요하다고 주장한다. 물론 교리는 그리스도를 알기 위해서 필요한 이치이다. 그러나 어떤 교파가 교리는 강조하면서도 그분의 임재를 알지 못한다면, 그 교파는 불쌍하기 짝이 없는 교파이다. 하나님의 놀라운 일과 영광을 드러내는 분, 즉 예수 그리스도를 높이는 교회가 하나님을 기쁘시게 한다.

단지 교회의 활동에만 열심히 참여하는 사람들은 핵심을 놓친다. 그리스도는 자신의 백성들 중에 알려지고 영광 받기를 원하신다. 우리와 우리 공동체는 예수님을 알고 예수님을 공경하기 위해 존재한다. 그렇기 때문에 우리는 교회에서 다른 어떤 일보다도 주님을 높이고 사랑하는 일에 열심이어야 한다. 베드로의 가르침처럼 비록 주님을 보지 못했지만 말이다. 그러므로 세상 죄를 지신 하나님의 어린양을 성경대로 증거하고, 다른 사람의 영원한 구원을 위해 봉사하는 것이 교회의 유일한 존재 이유이다.

예수님을 드러내기 위한 의복

이제 예수 그리스도라는 분에 대해 알아보자. 또한 만물을 창조하실 때에 그분이 아버지로부터 받은 명령에 대해 살펴보자.

지금보다 한결 한가로웠던 시절, 즉 사람들이 인도(人道)에서 떨어지지 않기 위해 서로 밀치고 급히 걸어야 할 필요가 없었던 시절에 사람들은 풀밭에 누워 별을 응시하며 시편을 암송했다.

"사람이 무엇이관대 주께서 저를 생각하시며 인자가 무엇이

관대 주께서 저를 권고하시나이까"(시 8:4).

그러나 지금은 연기와 매연 때문에 별을 보는 일이 쉽지 않다. 그렇지만 현대인들은 때때로 하던 일을 멈추고 우주의 신비에 대해 생각하기도 한다.

우주의 신비를 풀 수 있는 열쇠는 무엇인가? 우리는 그 대답을 "예수를 너희가 보지 못하였으나 사랑하는도다"(벧전 1:8)라는 베드로의 말에서 찾을 수 있다. 우주의 신비를 푸는 열쇠는 '누구'(who)의 문제이다. 그리고 이 '누구'는 바로 예수 그리스도이시다. 우리가 보지 못했지만 사랑하는 그분, 그분이 바로 대답이다!

주권자요 주님이신 예수 그리스도의 영광과 기이함을 피조 세계에서 볼 수 있는 그리스도인은 더 이상 불경건한 삶을 살지 않을 것이다. 또한 그는 더 이상 세상사(世上事)를 세속적 일과 거룩한 일로 구분하려고 하지 않을 것이다. 하나님의 창조가 주 예수 그리스도를 드러내기 위한 옷(의복)이었다는 것을 깨달은 성도는 하나님에 의해 성화(聖化)된다. 과학자든 교육자든, 그 밖의 누구라도 우주 만물을 붙드신 분을 인정하지 않는 사람은 피조 세계의 깊은 신비를 헤아릴 수 없다.

사도 바울은 골로새서에서 "만물이 그 안에 함께 섰느니라"(골 1:17)라고 증거한다.

피조 세계는 예수 그리스도가 주권자요 주님이심을 분명히 드러낸다. 하나님께서는 예수 그리스도를 나타내기 위한 목적으로 천지를 지으셨다. 나는 당신에게 에스겔서 1장을 다시 읽어보도록 강력히 권하고 싶다. 거기서 하나님의 사람은 다음과 같이 말한다.

"하늘이 열리며 하나님의 이상을 내게 보이시니"(겔 1:1).

에스겔은 놀라운 환상을 보았다. 환상 속에서 폭풍, 큰 구름, 특이한 불과 광채가 보였는데, 거기로부터 네 생물이 나왔다. 네 생물은 사람의 얼굴, 사자(獅子)의 얼굴, 소의 얼굴 그리고 독수리의 얼굴을 하고 있었다. 내가 볼 때 신비로운 불에서 나온 이 네 생물은 하늘에서 피조 세계를 가시적(可視的)으로 상징하는 형상 같다.

우리가 아직 보지 못한 우리 주 예수 그리스도는 피조 세계의 목적이신데, 신비로운 불에서 나온 이 이상한 생물들을 통해 우리는 주 예수님이 어떤 분이신지를 알 수 있다. 에스겔 선지자는 사람의 얼굴, 사자의 얼굴, 소의 얼굴 그리고 독수리의 얼굴의 사중적(四重的) 상징을 보았다.

복음서의 독특한 시각들

몇 년 전, 나는 어떤 한 가지 규칙에 눈길이 끌렸다. 그것은 그리스도의 성품을 이렇게 넷으로 구분하는 것이 사복음서(四福音書)에 기록된 예수님의 사역의 특징과 정확히 들어맞는다는 것이었다. 사실 전혀 새로운 것은 아니지만, 그럼에도 불구하고 이것은 하나님의 말씀을 공부하는 사람과 주 예수님을 진정으로 사랑하는 사람에게 대단히 중요한 의미를 지닌다.

복음서의 기자 누가는 '사람이신 예수'를 특별히 강조한다. 마태는 그분을 '사자'(獅子)로, 마가는 그분을 '소'로 상징한다. 요한은 예수님의 천상(天上)의 속성을 강조하기 위해 그분을 '높이 나는 독수리'로 상징한다.

예수님은 분명 사람이셨다. 그러므로 '사람이신 예수'를 강조한 누가의 기록은 오랜 시대에 걸쳐 완전한 인간형을 추구해온 헬라 문화에 젖어 사는 사람들에게 호소력을 가질 수 있었다.

유대인들의 마음을 움직이기를 원했던 마태는 예수님이 유대 민족의 소망을 메시아와 왕으로서 성취하셨음을 강조하기 위해 '유다 지파의 사자'라는 상징을 사용했다.

간결하고 거침없는 필치(筆致)로 예수님에 대해 기록한 마가는 '행동과 능력의 사람 예수', '소처럼 일을 잘하는 일꾼 예수'를 강조한다. 소는 강한 힘과 성실함을 상징하는데, 이런 상징은 당시 로마인들의 사고방식과 정서에 강한 인상을 심어주었을 것이다.

한편 요한복음에서는 강조점이 달라진다. 누가는 그리스도의 족보를 아담까지 거슬러 올라갔다. 마태는 그분의 조상을 아브라함까지 추적했다. 하지만 요한은 만유의 시작까지 거슬러 올라가서 전 인류로 하여금 하나님의 거룩한 아들이 육체가 되어 우리 가운데 거하셔야 했던 이유를 생각해보도록 도전한다.

요한은 그의 복음서에서 예수님이 모든 전기(傳記)와 연대기에 앞서는 분이라고 주장한다. 그러면서 만유의 시작까지 거슬러 올라가 그분의 기이함과 신비로움과 영광을 증거한다.

주가 쓰시겠다 하라

사실 나는 한 가지 가설(假說)을 세워보았는데, 이것의 정당성을 증명할 방법은 없지만 그래도 한 번 들어보라.

예수 그리스도의 기이함의 지극히 작은 부분까지 드러나기 위해서는 자연과 그 안의 모든 법칙이 반드시 필요하다. 언젠가 이것이 명백히 밝혀질 날이 찾아오도록 하나님께서는 계획을 세우셨을 것이다.

자세히 말해서, 땅 위의 짐승들과 바다 속의 물고기들과 하늘의 새들과 심지어 애처로울 정도로 밤에 작은 소리를 내는 메뚜기나 기어 다니는 벌레들조차도 그분의 기이함을 드러내기 위해 존재한다고 나는 믿는다.

예수께서 제자들을 보내어 나귀새끼를 풀어오라고 명하실 때 그분은 이렇게 말씀하셨다.

"만일 누가 너희에게 어찌하여 푸느냐 묻거든 이렇게 말하되 주가 쓰시겠다 하라"(눅 19:31).

슬프고 우스꽝스러운 얼굴에 귀가 긴 나귀새끼조차 군중이 메시아 구주께 환호하며 "호산나!"라고 외치는 날에 그분의 영광을 드러내기 위해 사용되었다! 물론 나는 나귀새끼와 우리 사이에 어떤 연관성이 있다고 말하고 싶지는 않다. 하지만 많은 사람은 그들 자신이 하나님께 중요한 존재라는 사실을 완전히 잊어버린 채 살고 있다. 우리 모두는 주 예수 그리스도의 영광을 드러낼 수 있는 존재이기 때문에 하나님께 매우 귀중한 존재이다.

좋은 의미에서, 나는 당신이 스스로의 가치를 더 높게 평가하기를 원한다. 그리스도를 사랑하라. 그리고 당신을 중요한 존재로 만들어주시는 그분의 사랑에 근거하여 당신 자신을 사랑하라. 하나님께서 당신을 창조하고 구속(救贖)하신 것은 우연이 아니다. 당신의 구주요 주님 되시는 분은 그분의 영광과 기이함을 드러내기 위해 당신을 필요로 하신다.

하나님나라가 크고 중요한 사람들을 위한 지역과 작고 보잘것없는 사람들을 위한 지역으로 구분되지 않는 것에 대해 나는 늘 하나님께 감사한다. 그분께는 모든 사람이 똑같다.

눈에 보이지 않는 눈

이제 나는 결론적으로 이 말을 하고 싶다. 그리스도인은 두 가지 차원에서 살아간다. 동물들이 살아가는 차원이 있고, 천사들이 살아가는 차원이 있다. 이 둘은 완전히 다르다. 그런데 우리 인간은 두 차원 모두에 속한다. 우리는 동물들처럼 몸을 가지고 있으며 천사들처럼 영혼을 가지고 있기 때문이다. 하나님께서는 우리를 천사들보다 조금 낮게, 동물들보다 조금 높게 만드셨다.

우리의 몸은 흙에서 온 것이다(우리 주님은 그분의 귀한 몸을 십자가에서 내어주셨다). 그러나 이렇게 흙으로 만들어진 몸에 영혼이 담겨 있다. 하나님께서는 우리가 천사들보다 조금 낮은 존재로 만들어졌다고 말씀하셨을 때 그분은 우리의 영적 부분이 천사들보다 낮다는 의미로 말씀하신 것이 아니다. 오히려 하나님은 인간의 영적 부분을 천사들보다 높게 만드셨다. 이 사실은 우리가 아버지의 형상을 따라 만들어졌다는 사실에서 입증된다.

우리가 예수님을 본다고 할 때 우리는 인간의 이러한 두 가지 차원에서 그것을 이해해야 한다. 육체의 눈으로는 우리가 그분을 본 적이 없다. 사슴이 수풀 밖을 쳐다보듯이 우리가 육신의 눈으로 그분을 본 적은 없다.

그렇지만 우리는 주님을 사랑한다. 왜냐하면 우리에게는 다른 차원, 즉 다른 눈이 있기 때문이다. 그것은 눈에 보이지 않는 눈이요 영원한 눈이요 내적인 눈이요 영적인 눈이다. 이 눈으로 볼 수 있기 때문에 우리는 지금도 그분을 보고 알고 사랑한다.

3부 자아가 죽은 자라야 불사조 생명을 얻는다

W. TOZER

WHO PUT JESUS ON THE CROSS?

■ ■ ■ 전능하신 하나님은 사람들의 가슴에 내일을 그리고 영원을 심어놓으셨고, 하나님의 백성들이 불사(不死)할 수 있도록 하셨다. 그러므로 이 땅에서 우리 눈에 보이는 것은 영원에 비해 지극히 미미하다. 불사조가 일단 날아오르면 그것은 계속 날아서 지평선을 넘어 영원한 내일로 들어가 다시는 내려오지도, 죽지도 않을 것이다.

chapter 08

십자가를 통과한 자에게는
죽음의 철권통치가 끝난다

하나님을 믿고 의지하는 우리 그리스도인들에게는 죽음의 철권통치가 끝난다.
그분을 신뢰하는 자들에게는 죽음이 끝이 아니고 그 다음에 또 다른 삶이 기다리고 있다.

너희는 무서워 말라 십자가에 못 박히신 예수를 너희가 찾는 줄을 내가 아노라 그가 여기 계시지 않고 그의 말씀하시던 대로 살아나셨느니라 와서 그의 누우셨던 곳을 보라 마 28:5,6

인생의 마침표

예수 그리스도에 대한 보고서는 그분의 죽음과 장례로 끝나지 않는다. 이런 의미에서 예수님의 전기(傳記)는 인류 역사상 유일무이하다. 그분의 전기에는 마지막일 것이라 예상되는 죽음의 장(章) 이후에도 기쁨 가운데 다음 장을 향해 서둘러 진행되는 이야기가 있다.

마태복음은 한 분의 생애에 관한 기록이다. 이것은 한 사람의 출생과 삶과 죽음에 대해 적고, 또한 흔히 그렇듯이 마지막에는 장례까지 기록한다. 일반적으로 위인 전기의 마지막 장은 시신이 무덤에 묻히는 내용으로 종결된다. 삶이 끝나면 전기도 끝나야 마땅하다. 전기 작가는 장례 이야기까지 마친 다음에 더 쓸 내용이 없어서 '끝'(finis)이라고 쓴다.

일반적인 전기에서 주인공의 죽음에 대한 내용 다음에 어떤 글이 더 붙는다면, 그것은 그 사람의 삶에 대한 이야기가 아니다. 그런 글은 편집자의 논평이거나 주인공의 가르침의 요약 혹은 그의 덕(德)을 기리는 말이다. 인간의 삶이 끝나는 곳에서 그의 전기도 끝난다. 슬프지만 그렇게 될 수밖에 없다. 국가와 민족과 문화를 초월하여 이것은 진리이다.

과거에 많은 도덕주의자가 인류의 미래에 대해 여러 가지 희망을 제시했지만, 그들도 죽음을 극복하는 철학은 끝내 내놓지 못했다. 언제나 그들은 인간이 죽어서 땅에 묻히면 더 이상 말하거나 글을 쓰거나 그림을 그리거나 여행을 다니지 못한다는 사실을 받아들여야만 했다. 생전에 친구들에게 아무리 많은 사랑을 받은 사람일지라도 일단 숨을 거두면 그들에게 한마디 말도 할 수 없다. 그는 떠났고, 그것으로 끝이다! 작가는 그에 대한 전기의 마지막에 점잖게 '끝'이라는 단어를 붙일 것이고, 그것으로 끝이다!

전기의 주인공이 떠났기 때문에 더 이상의 장(章)을 적는 것은 불가능하다. 마지막 장에 마침표가 찍힌 것이다!

전대미문(前代未聞)의 전기

이제 우리는 예수님의 전기에 대해 살펴보려고 한다. 마태복음은 예수님의 일생을 간략하게 기록해놓은 글이다. 이것은 간략하지만, 전기인 것은 확실하다. 따라서 전기의 일반적 형태를 따르고 있다.

마태는 우선 예수님의 조상들에 대한 언급으로 글을 쓰기 시작한다. 위로 아브라함부터 아래로 마리아까지 내려온다. 예수님의 어머니가 누구인지를 밝힌 후 마태는 그분의 출생에 대해 언급하면서, 동방박사들이 그분을 보기 위해 찾아왔다는 사실을 기록한다. 그런 다음 그는 예수님의 성인기(成人期)로 훌쩍 넘어가 그분이 세례 받으신 사건에 대해 적는다. 주께서 세례를 받으신 직후 성령이 비둘기처럼 내려와 그분 위에 머물고 광야에서 사탄의 시험을 받도록 대비하게 하셨다.

이 다음 장(章)에서부터 마태는 예수님의 공적 사역을 묘사하기 시작한다. 마태는 주님의 산상수훈을 기록한 다음 그분이 베푸신 기적들을 적었다. 예수님은 5천 명을 먹이시고 죽은 자를 살리시며 파도와 바람을 잔잔하게 만드셨다. 마태의 관찰에 따르면, 그분은 당시 위선적인 종교 지도자들과 충돌했고 대중적 인기를 점점 잃어갔다. 마치 해가 지면서 어둠의 그림자가 드리우는 것처럼 그분을 향한 대중의 증오가 점점 그분을 에워쌌다. 마태는 이 과정을 아주 인상적으로 서술했다.

그런 다음에 예수께서 체포되어 로마인들에게 넘겨져 십자가에 못 박히는 과정이 묘사된다. 마태복음 27장에는 예수께서 갈보리 언덕으로 끌려가 거기서 십자가에 못 박히신 사건이 등장하는데, 주께서 십자가에 달려 여섯 시간 동안 고통당한 후에 "나의 하나님, 나의 하나님, 어찌하여 나를 버리셨나이까"라고 소리 지르시고 영혼이 떠나시는 모습이 비교적 상세히 기록되어 있다.

그렇다! 예수님이 돌아가셨다!

적어도 여기까지만 보면, 그분의 전기는 끝났다. 예수님을 아는 사람들이 시신을 달라고 부탁하여 그분을 무덤에 공손히 모셨고, 로마법에 따라 로마 병사들이 그곳에 가서 공식적으로 무덤에 봉인(封印)을 했다. 그분은 돌아가신 것이다. 무덤은 닫혔고 봉하여졌다. 원수들은 크게 즐거워하며 다른 관심사에 눈을 돌리기 시작했다.

이로써 적어도 그때까지의 그분의 전기는 끝났다! 육신으로 말하면, 아브라함의 자손이라고 증명되신 분. 이적과 말씀을 통해 자신이 하나님의 아들임을 증거하신 분. 놀랍기도 하고 끔찍하기도 한 3년 동안 자기를 미워하는 사람들과 싸우면서 사랑과 온유와 겸손으로 가야 할 길을 걸어가셨던 분. 심지어 원수들을 대신해 십자가에 달리신 분.

이런 분이 돌아가신 것이다! 여기까지만 보면, 그분의 전기가 마태복음 27장에서 끝난다!

그러나 정말 놀랍게도, 그분의 전기는 여기서 끝나지 않는다! 마태복음 28장이 등장하기 때문이다. 이런 일은 인류 역사상 처음 있는 일이다. 작가는 펜을 들어 27장 다음에 28장을 추가한다. 28장은 전기의 흉내를 낸 것이 아니라 진짜 전기이다!

28장은 27장까지에 대한 주석이 아니다. 이것은 각주나 요약이 아니다. 이것은 편집자의 주(註)나 송덕문(頌德文)도 아니다. 이것은 바로 앞 장(章)에서 죽었던 사람에 대한 끝나지 않은 이야기를 다룬 장이다.

어떻게 이런 일이 가능한가? 27장과 함께 끝난 것 같았던 그분이 이제 먹고 말하고 제자들과 함께 엠마오를 향해 걸어가신다. 하나님나라에 대해 가르치시고, 자신의 재림에 대해 말씀하시고, 제자들에게 온 세상을 다니며 복음을 전하고 영생을 증거하라고 명하신다.

어떻게 이런 일이 가능한가? 예수님의 원수들과 세상은 그분의 무덤에 '끝'이라는 봉인을 찍었다! 그들은 자기들의 죄와 이기심을 지적하는 자의 말을 더 이상 듣지 않아도 된다는 것에 지극히 만족하며 좋아했다.

그러나 인류 역사상 전대미문(前代未聞)의 전기인 마태복음 28장이 등장한다. 하나님의 아들 예수 그리스도께서 인간의 삶과 존재의 옛 형식을 완전히 뒤집어엎으셨다. 그분은 무덤 속으로 생명을 가지고 들어가서 다시 무덤 밖으로 그것을 가지고 나오셨다. 죽었던 분이 다시 살아나신 것이다! 그렇기 때문에 복음서 기자는 전무후무(前無後無)하게 '아직 끝나지 않는 장'을 덧붙일 수밖에 없었다!

예수 그리스도께서 다시 사셨다! 죽으면 모든 것이 끝이라는 옛 사고방식에 얽매인 자들은 이 놀라운 사건 때문에 극도의 혼란에 빠졌다. 이 분이 다시 살아나셨다. 그분에 관한 기억과 그분의 위대한 교훈과 그분의 친구들이 쓴 송덕문이 살아난 것이 아니다. 전기의 주인공이 다시 사셨고, 그리하여 진짜 전기가 계속되었다.

사람들은 주님을 똑똑히 목격했다. 그분의 말씀을 들었다. 그리고 그분을 만지기도 했다. 그분이 자신들 앞에 계신 것을 알았다. 그분이 그들 가운데 서셨다. 예수님은 우리의 이름을 부르셨다.

"마리아야!"

주님은 친구들의 이름을 부르셨고, 베드로와 다른 제자들을 보고 "애들아, 너희에게 고기가 있느냐? 너희를 위한 아침식사가 여기에 있다"라고 하시며 해변에서 숯불로 생선을 구우셨다.

그렇다! 마태복음 28장은 완전히 새로운 장이다. 주님은 자신이 죽음을 이기실 수 있는 분임을 확실히 증명하셨다.

죽음! 모든 사람을 공포에 떨게 했던 죽음, 입술 없는 입을 벌려 이를 드러내고 싸늘하게 미소 지으며 모든 사람을 따라다녔던 죽음, 요람에 누워 있던 아기가 무덤에 갈 때까지 기다렸다가 결국 '끝'이라는 딱지를 붙이고 말았던 죽음, 바로 이 죽음을 극복하신 것이다!

예수 그리스도께서 다시 살아서 죽음을 바보로 만드셨기 때문에 죽음은 어쩔 줄을 모르며 동요한다. 입술 없는 입가에 번지던 그 싸늘한 미소도 이제는 해골만큼이나 텅 비고 공허하다. 죽음 이후에 또 다른 장(章)을 가능케 하신 하나님께 감사하라! 예수님은 더 이상 무덤에 계시지 않는다!

이제 후로는

우리는 인간이기 때문에 다음과 질문을 던질 수 있다.

'예수님이 살아나신 것이 우리에게 어떤 의미를 갖는가?'

너무 감사하게도, 이것은 하나님을 믿고 의지하는 우리 그리스도인들에게 죽음의 철권통치가 끝났다는 것을 의미한다. 그리스도를 따르는 사람들에게 이것은 죽음의 능력이 무력화되었다는 것을 의미한다. 그리고 그분을 신뢰하는 자들에게 죽음이 끝이 아니고 그 다음에 또 다른 삶이 기다리고 있다는 것을 의미한다.

이것의 의미를 보여주는 한 가지 좋은 예를 들어보자. 바로 사도 바울의 경우이다. 사도 바울은 그의 전기에 쓸 것이 많은 사람이다. 그는 보통사람들처럼 태어났고, 최고로 훌륭한 스승들 밑에서 교육을 받으며 성장했다. 그리고 유대 산헤드린(AD 1세기 유대의 최고 평의회 겸 최고 재판소)의 위원이 되었는데, 이것은 지금으로 말하면 대법원 판사에 해당하는 지위이다. 또한 그는 당시 유대 민족에서 가장 엄격하기로 유명했던 교파, 정통 바리새파에서 높은 위치를 차지했다. 그러나 다메섹으로 가는 도중에 그는 갑자기 기적적으로 회심(回心)하여 자기가 그때까지 핍박하던 분을 영접했다. 그는 성령으로 충만해졌고 사명을 받아 전 세계를 다니며 복음을 전했다. 그는 여러 곳에서 말씀을 전하고 교회를 세웠으며 새로 세워진 교회들에 격려하는 편지를 보냈다.

그는 재판을 받았지만 석방되었다. 그 다음에 다시 재판을 받았지만 역시 석방되었다. 그러나 세 번째 재판을 받았을 때 그는 유죄 판결을 받았다.

바로 그때 그는 젊은 디모데에게 다음과 같은 편지를 썼다.

"관제와 같이 벌써 내가 부음이 되고 나의 떠날 기약이 가까웠도다"(딤후 4:6).

자신의 죽음이 가까이 다가왔다는 사실을 안 그는 계속하여 이렇게 썼다.

"내가 선한 싸움을 싸우고"(딤후 4:7).

이것은 과거완료시제이다!

"나의 달려갈 길을 마치고"(딤후 4:7).

이것도 과거완료시제이다!

바울의 고백에는 다음과 같은 뜻이 숨어 있다.

"나의 증거가 끝났다. 나는 순교자요 증인이다. 나는 예수님을 위해 최선을 다했다. 전쟁은 끝났고, 이제 나는 군복을 벗을 것이다. 나는 나를 향한 하나님의 계획을 이 땅에서 다 이루었다."

죽음의 논리에 따르면, 바울의 이 말 다음에는 '끝'이라는 단어가 붙어야 한다. 왜냐하면 이로부터 얼마 후에 바울은 로마 감옥의 판석(板石) 위에 무릎을 꿇었고, 사형집행인이 내리친 칼에 그의 머리가 몸에서 떨어져나갔기 때문이다.

그는 마지막 신앙고백을 편지에 담았지만, "이것이 나의 끝이다"라고 쓰지 않았다. 오히려 그는 '어제'에 대해 말하며 '내일'과 연결시키는 접속사를 의도적으로 사용했다.

"나의 달려갈 길을 마치고 믿음을 지켰으니 '이제 후로는'(henceforth)…"(딤후 4:7,8).

바울의 재판관과 간수들 그리고 사형집행인은 바울이 '이제 후로는'이라는 말을 사용할 입장에 있는 사람이 아니라고 여겼을지도 모른다. 물론 여기서 '이제 후로는'이라는 말은 "여기 감옥에 있는 지금 이후로는"이라는 뜻이다. 죽음의 논리를 내세우며 그들은 바울에게 내일이 없다고 말했을지도 모른다. 바울의 머리가 떨어져나가면 그의 삶의 여정이 끝날 것이라고 생각했기 때문이다.

그러나 죽음이 가까웠다고 해서 바울은 절망하지 않았다. 피곤하고 지쳤지만 그는 펜을 다시 잡아 믿음으로 이렇게 적었다.

"이제 후로는 나를 위하여 의(義)의 면류관이 예비되었으므로 주 곧 의로우신 재판장이 그날에 내게 주실 것이니 내게만 아니라 주의 나타나심을 사모하는 모든 자에게니라"(딤후 4:8).

사도 바울이 '이제 후로는'이라는 말을 사용하지 않았다면, 나는 그가 역사상 가장 어리석은 인간이었다고 정중하게 말할 것이다.

동족이 볼 때 바울은 굉장히 높은 지위에 있었던 사람이다. 그는 많이 배웠기 때문에 교양 수준이 높았고 판단력도 정확했다. 역사가들에 따르면, 그는 재산도 어느 정도 가지고 있었다고 한다. 그러나 바울은 이런 모든 것을 배설물처럼 여기게 되었다고 고백했다(빌 3:8). 그의 동족이 그에게 등을 돌렸다. 그는 하루는 돌에 맞고, 그 다음 날은 매를 맞았다. 그리고 옥에 갇혀 목에는 칼을 쓰기도 했다. 위험천만한 일이 늘 바울을 따라다녔고, 그는 자기를 죽이려는 자들의 음모에 맞서야 했다. 그가 갖고 있던 재산이라고는 오로지 입고 있는 옷뿐이었다. 요컨대 그는 그리스도를 위하여 모든 것을 잃었다. 로마의 감옥에서 참수(斬首)될 순간을 눈앞에 둔 노인이 '이제 후로는'이라는 말을 썼다는 것은 무엇을 의미하는가? 이것은 자기가 바보처럼 살지 않았음을 잘 알고 있다는 것을 말해준다. 그는 바다에서 고생하고, 감옥에서 매를 맞고, 냄새나고 습기 찬 감옥에서 굶주림에 시달렸지만 예수 그리스도와 영생을 믿었기 때문에 이런 고난은 아무것도 아닌 것으로 여겼다.

사도 바울의 고백 속에는 "이런 모든 것은 전기의 일부일 뿐이다. 하지만 나는 여기서 끝나지 않고 영원한 또 하나의 장(章)으로 넘어간다"라는 뜻이 담겨 있다. 바울이 볼 때, 그의 죽음은 끝이라고 생각되는 지점에서 새로운 장이 펼쳐지도록 하는 복된 관문이었다.

바울이 승리를 외칠 때 전기 작가들은 어리둥절하여 어찌할 줄을 몰랐다. 그는 말했다.

"만일 그리스도 안에서 우리의 바라는 것이 다만 이생뿐이면 모든 사람 가운데 우리가 더욱 불쌍한 자리라"(고전 15:19).

여기에서 "만일 그리스도 안에서 우리의 바라는 것이 다만 이생뿐이면"이라는 말은 바꿔 말하면, "사람이 죽은 자들로부터 다시 살아나지 못하면"이라는 뜻이다. 사도 바울의 말대로, 만일 부활이 없다면 우리는 모든 사람 중에 가장 불쌍한 자들이다.

부활의 약속은 믿음을 가진 그리스도인에게 지극히 중요하다. 만일 사람이 죽은 자들로부터 다시 살아나지 못한다면, 우리의 인생관과 세상의 진리는 이렇게 바뀔 것이다.

"내일 죽을 것이니 먹고 마시고 즐기자!"

또 하나의 장(章)

바울과 마찬가지로 그리스도인은 예수 그리스도께서 부활하셨기 때문에 또 하나의 장(章)이 있다고 믿는다. 우리가 비록 순교라는 극단적인 고난을 당하지는 않지만, 우리도 과거의 순교자들이 가졌던 것과 똑같은 믿음과 소망을 소유하고 있다.

하나님의 성도들은 죽음의 장 다음에 또 하나의 장이 있다고 확고히 믿었다. 그들은 맹수들에게 던져졌고, 사지(四肢)가 찢겨졌다. 그들은 말뚝에 꿰찔리는 형(刑)을 당하여 낮에는 태양 아래에서, 밤에는 별빛 아래에서 극도의 고통을 겪다가 서서히 죽어갔다. 박해자들은 그들을 자루에 넣어 꿰맨 후 절벽 아래로 집어던졌다. 그들은 감옥에서 굶어 죽거나 광야로 내몰려 비바람과 햇볕에 시달리다가 쓰러져 죽었다. 어떤 사람은 혀를 잘렸고, 또 어떤 사람은 수족을 잘렸다. 군중이 박수 치며 소리 지르는 가운데 그들은 마차에 묶여 길거리를 질질 끌려 다니다가 죽었다.

그들은 무엇을 위해 그러한 고통과 죽임을 당했는가?

순교자들에게 영원한 내일이 없고 그들을 위한 면류관이 예비되어 있지 않았다면, 저 고문당하고 찢어지고 시꺼멓게 타버린 몸들이 위로 하늘을 향해 아래로 지옥을 향해 이렇게 외쳤을 것이다.

"기독교는 인류를 상대로 사기를 쳤다. 믿어서는 안 되는 잔인한 허구이다!"

그러나 그들을 기다리는 또 하나의 장이 분명히 있었다!

이 세상에서 살 때 우리는 사람들이 '이 땅의 전기'라고 부르는 불과 몇몇 장(章)만을 본다. 교회 역사가들에 따르면, 바울의 마지막 편지의 수신인(受信人)이었던 디모데는 마차의 끝에 묶인 채 길거리를 질질 끌려 다니다가 죽었다고 한다. 만일 그런 끔찍한 고통과 죽음 이후에 그에게 아무것도 남지 않았다면, 우리가 다음과 같이 말하는 것은 당연하다.

"불쌍한 디모데! 기독교에게 속지 않을 만큼 머리가 돌지 않았던 것이 너의 불행의 씨앗이다."

그러나 하나님께서는 가브리엘 천사장과 순교자의 기록을 적는 자들에게 이렇게 말씀하셨다.

"이것이 끝이 아니므로 '앞으로 계속된다'라고 쓰라."

저 높은 하늘에 계신 편집자께서는 이것이 디모데의 끝이 아니라는 사실을 잘 알고 계셨다. 물론 오랜 기다림의 세월이 흐르고, 그 기간 동안에는 그에 대한 아무 기록이 없을 것이다. 그러나 그 기간은 과도기에 불과하다. 과도기가 끝나면 새로운 장(章)이 시작될 것이고, 이 장은 영원히 끝나지 않을 것이다.

전능하신 하나님은 사람들의 가슴에 내일을 그리고 영원을 심어놓으셨고, 하나님의 백성들이 불사(不死)할 수 있도록 하셨다. 그러므로 이 땅에서 우리 눈에 보이는 것은 영원에 비해 지극히 미미하다. 불사조가 일단 날아오르면 그것은 계속 날아서 지평선을 넘어 영원한 내일로 들어가 다시는 내려오지 않을 것이고 죽지도 않을 것이다.

'불사'(不死)라는 제목이 붙은 은혜로운 장이 지금도 쓰이고 있는 것에 대해 하나님께 감사하자. 이것은 그분의 내일에 대한 장이다. 이것은 그분의 자녀들만이 아는 '이제 후로는'이라는 장이다.

새로운 날, 즉 부활의 날이 찾아올 것이다! 내가 이것을 확신하는 이유는 실제로 부활한 분이 계시기 때문이다. 그분은 외로운 분이셨다. 사람들이 그분을 무덤에 장사하고 그곳을 봉인했다. 그러나 그분은 성경대로 사흘 후에 죽은 자들로부터 다시 살아나 하늘에 올라가 전능하신 하나님 아버지의 우편에 앉으셨다.

이 세상의 모든 책이 아무것도 쓰인 것이 없는 빈 종이라고 가정해보자. 그리고 무수한 천사가 그 책들에 글을 쓴다고 가정해보자. 그럴지라도 악한 자들이 그리스도를 무덤에 영원히 묻어버렸다고 생각했던 날 이후의 그분의 말씀과 행하심을 전부 기록할 수는 없을 것이다.

영원히 죽지 않는 새

이제 내가 믿는 부활에 대해 나누고 싶다. 사람들이 예수님의 시신을 무덤에 장사했을 때, 죽음은 로마의 봉인이 찍힌 무덤 옆에 앉아 "내가 또 한 사람을 잡았다"라며 싸늘한 미소를 지었다. 그러나 죽음의 상태에 계속 머물 수 없었던 예수의 생명은 편지에 붙은 우표를 찢듯이 무덤의 봉인을 찢어버렸으며, 예수 그리스도께서는 살아서 무덤 밖으로 걸어 나오셨다!

나는 예수님의 부활을 온전히 믿는다. 한순간도 의심하지 않는다. 매년 부활절이 돌아올 때마다 그것을 믿으려고 애쓰는 것이 아니다. 나는 부활을 확실히 믿기 때문에 날마다 매 순간마다 그것은 내 존재의 일부가 되었다. 하나님께서 마지막 이후에 또 다른 장을 약속하셨다고 믿는 그분의 자녀들과 마찬가지로 나는 겸손히 그것을 믿는다.

나는 로버트 제프리 박사(Dr. Robert A. Jaffrey, A.B. 심슨 박사에게 훈련을 받고 파송된 선교사)에 대한 이야기를 종종 떠올린다. 그는 극동지역과 태평양의 섬에서 선교의 개척자로서 사역했다. 비전과 희생과 긍휼의 정신으로 무장한 그는 여러 해 동안 예수 그리스도의 복음을 들고 지구상에서 가장 복음을 전하기 힘든 지역들로 들어가서 열매를 맺었다. 그러나 그의 삶의 마지막 장(章)에는 일본군에게 포로로 잡혀 고통으로 얼룩진 내용이 기록되었다. 포로수용소에서 그의 옆방에서 지냈던 어떤 사람은 제프리 박사에 대해 이렇게 회고한다.

"내 평생 그렇게 경건한 사람은 처음 보았다."

굶주림과 질병과 쇠약함에 시달리던 제프리 박사는 그의 친구들로부터 수천 킬로미터 떨어진 돼지우리 같은 감방에서 웅크리고 고통에 떨다가 결국 숨을 거뒀다.

우리는 그의 전기를 통해 그가 죽었다는 사실을 알 수 있지만, 그것이 끝이 아니라는 것 또한 짐작할 수 있다. 왜냐하면 그는 예수 그리스도 안에 있는 아름다운 미래를 보았고, 죽음 이후에 찾아올 다음 장을 기대했기 때문이다. 그가 하나님의 은혜를 힘입어 획득한 모든 것이 미래에는 그의 소유가 될 것이다. 그러므로 제프리 박사의 전기에는 그의 삶에 대한 것이 빠짐없이 모두 기록되어 있지는 않다.

친구여! 당신과 나는 평범한 그리스도인이지만, 이 빛나는 소망은 우리와 깊은 관계를 맺고 있다. 우리는 순교자가 아니고 위대한 개혁가도, 사도도 아니다. 우리는 하나님의 가족에 속한 평범한 그리스도인들이다. 우리 구주께서는 마지막 이후에 새롭게 펼쳐질 장에 대해 은혜로운 말씀을 해주셨다.

당신은 장차 이 세상을 떠날 것이다. 가족과 친구들을 남겨놓고 사라지는 당신에게서 영웅적인 모습을 찾아볼 수 없다. 죽음 앞에서는 영웅이 없다. 뿐만 아니라 죽음은 결코 친절하지 않다. 죽음 앞에서는 예술도 없다. 오히려 그것은 잔인하고 번잡스러우며 때로 우리에게 굴욕감을 안겨준다.

한때는 당당하게 서서 하나님의 살아 있는 말씀을 죽어가는 자들에게 날카롭게 전했던 설교자가 이제는 침대에 누워 있다. 그의 뺨은 움푹 들어갔고, 두 눈은 멍하게 무언가를 응시한다. 죽음이 그의 땅의 장막 위로 차가운 손을 서서히 뻗기 때문이다.

한때는 뛰어난 음악적 재능을 사용하여 하나님께 영광을 돌리고 많은 사람에게 하늘나라의 아름다움을 일깨우던 가수가 이제는 목이 쉬고 입술이 바싹 말라서 들릴 듯 말 듯한 목소리로 노래한다. 왜냐하면 죽음이 그를 찾아왔기 때문이다.

그러나 그리스도인에게 이것은 끝이 아니다. 나는 이것이 끝이 아니라는 사실을 알려주신 하나님께 감사하다. 나의 존재의 영원성과 인격, 아름다운 소유가 하나님의 약속 위에 서 있다. 아버지께서는 자녀들의 약력(略歷)에서 '사망'이라는 단어 뒤에 '이제 후로는'이라는 말을 덧붙이신다. 그분의 백성들에게는 내일이 있기 때문에 우리는 죽음 앞에서 기뻐할 수 있다.

로마 사람들은 자기들이 바울의 끝을 보았다고 생각했겠지만, 그것은 큰 착각이었다. 유대인들은 예수님의 끝을 보았다고 박수를 쳤지만, 그들의 생각은 틀렸다. 일본인들은 제프리의 끝을 봤다고 착각했다.

그리스도인들이 다시 돌아온다는 것에 대해 하나님께 감사하자. 우리의 몸이 땅 속에 묻히면 이 세상은 우리가 완전히 제거되었다고 생각한다. 그리고는 우리 때문에 세상 살기가 힘들었다고 비난한다. 당신이 하나님을 사랑하기 때문에 당신을 미워했던 이웃 사람들은 당신이 죽은 뒤에 이렇게 말할 것이다.

"이제 더 이상 저 친구가 나를 귀찮게 하지는 않겠군. 만나기만 하면 전도지를 주면서 교회에 가자고 졸라대던 저 친구 때문에 정말 괴로웠어."

이웃 사람들이 이렇게 말하는 것은 당연하다. 왜냐하면 그들은 당신이 다시 돌아온다는 것을 모르기 때문이다. 하나님의 백성은 반드시 돌아올 것이다. 바울이 돌아오고, 스데반이 돌아오고, 마차의 끝에 매달려 질질 끌려 다녔던 디모데가 돌아올 것이다. A. B. 심슨 박사도 돌아올 것이다. 웨슬리도 돌아올 것이다. 더 이상 반백(半白)의 약한 웨슬리가 아니라 한창때의 젊은이로 돌아올 것이다. 그리스도를 믿는 하나님의 가족의 구성원들이 전부 돌아올 것이다! 이것이 하나님의 영원한 약속이다!

이쯤에서 하나님의 선한 사람 사무엘 러더포드(Samuel Rutherford, 1600~1661. 스코틀랜드의 장로교 신학자)가 기억난다. 그는 지난 시대에 어두운 영국에서 마치 밤하늘의 별처럼 빛났다. 그는 시인이요 저술가요 설교자였다. 아마도 그는 그가 살았던 당대에 예수님을 가장 많이 사랑한 사람이었을 것이다. 대중은 그가 믿는 것에 관심이 없었다. 그는 영국국교회의 지시에 따라 설교하기를 거부했기 때문에 고난을 당했다. 러더포드는 늙어서도 국교회의 규칙에 따르지 않았다. 그래서 영국의 고위관리들은 그를 범죄자 취급하여 재판에 회부하려고 애를 썼다. 마침내 그의 재판의 날이 정해졌고, 의회는 그에게 재판에 출두하라고 통보했다.

그러나 러더포드는 자기가 죽음을 맞이하고 있다는 것을 알았기 때문에 이렇게 답장을 보냈다.

"여러분, 나는 여러분의 소환 통지를 받았소. 그러나 여러분이 보내준 것보다 먼저 도착한 소환 통지가 있소. 그것은 여러분보다 훨씬 더 권세 있는 분에게서 온 것이오. 내 재판 날이 도래하기 전에 나는 이미 왕과 귀족들이 거의 가지 못하는 저쪽에 가 있을 것이오. 그럼, 안녕히 계시오."

사무엘 러더포드는 이런 사람이었다! 그는 우리 주님이 그리스도인들에게 두 팔을 벌려 "어서 오너라!"라고 환영해주실 때 완전히 새로운 장이 시작된다는 것을 온 세상에 증거했다.

"영광! 영광! 영광!"

영광으로 충만한 임마누엘의 나라에서 보좌에 앉아 계신 왕의 위엄이 나를 압도할 것이다. 그렇다! 친구들이여, 죽음 후에도 또 다른 장이 있다. 우리 주 예수 그리스도에게 죽음 후에도 내일이 있었듯이 우리에게도 죽음 후에 내일이 있다.

"우리가 예수의 죽었다가 다시 사심을 믿을진대 이와 같이 예수 안에서 자는 자들도 하나님이 저와 함께 데리고 오시리라 … 주께서 호령과 천사장의 소리와 하나님의 나팔로 친히 하늘로 좇아 강림하시리니 그리스도 안에서 죽은 자들이 먼저 일어나고 그후에 우리 살아남은 자도 저희와 함께 구름 속으로 끌어 올려 공중에서 주를 영접하게 하시리니 그리하여 우리가 항상 주와 함께 있으리라"(살전 4:14,16,17).

이렇게 말한 다음 사도 바울은 마치 클라이맥스를 장식하듯이 다음과 같이 말한다.

"그러므로 이 여러 말로 서로 위로하라"(살전 4:18).

얼마나 위로가 되는 말씀인가! 이것은 그리스도 안에서 사랑하는 사람과 작별하는 모든 그리스도인에게 주어진 말씀이다. 당신은 사랑하는 사람을 다시 볼 것이다! 그들은 다시 돌아올 것이다. 아직도 장(章)이 남아 있다. 물론 이것은 끝이 없는 장이다. 영원히 죽지 않는 새가 날개를 펴고 비행하고 있다. 우리의 믿음이 죄로 시작되었지만, 영원한 영광으로 끝나는 것에 하나님께 감사하자!

chapter 09

자기를 부인하고 예수를 좇는 자에게
하늘 영광이 임한다

> 내가 하고 싶은 말은, 하나님을 믿는다고 고백하는 수많은 그리스도인이
> 아무 대가도 치르지 않고 공짜로 신앙생활을 하려는 아주 연약한 부류라는 것이다.

> 그때에 인자의 징조가 하늘에서 보이겠고 그때에 땅의 모든 족속들이
> 통곡하며 그들이 인자가 구름을 타고 능력과 큰 영광으로 오는 것을
> 보리라 마 24:30

잘 먹고 잘 사는 그리스도인

오늘날 잘 먹고 잘 사는 그리스도인들이 많다. 그들 중에 특히 말과 행동이 서로 다른 사람이 우리 눈에 종종 띈다. 그런 사람은 입만 벌리면, 그리스도의 재림을 기다린다고 이야기한다. 하지만 기독교 신앙대로 살고 복음을 증거하는 데에는 조금의 희생도 치르지 않는다.

그리스도의 재림에 대한 성경의 예언과 하나님의 약속에 대해 논의할 때 우리 각자는 그분에 대해 어떤 사랑을 품고 있는지를 살펴보아야 한다. 이것이 내가 재림과 관련하여 내린 결론이다.

당신은 머지않아 하나님의 거룩한 얼굴을 보게 될 것이라고 믿는가? 그렇다면 그때에 주께서 그분을 향한 당신의 사랑과 숭모(崇慕)의 정체를 만천하에 드러내실 것임을 기억하라.

세 가지 이유

예수님이 이 땅에 다시 오시기 직전에 도래할 혹독한 환란의 시기에 많은 사람의 사랑이 식을 것이라고 성경은 말한다. 그렇다면 우리는 다음과 같은 엄중한 질문을 스스로에게 던져야 할 것이다.

"주 예수 그리스도를 향한 나의 사랑은 얼마나 뜨겁고 진실한가?"

이렇게 물은 다음 다시 재빨리 다음과 같이 질문해야 한다.

"구주를 향한 나의 사랑을 증명하기 위해 나는 무엇을 할 것인가? 그분을 믿고 증거하기 위해 내가 날마다 생활 속에서 치르는 희생은 무엇인가?"

설교자가 성도들에게 자기를 위해 기도해달라고 부탁하지 않고 이런 메시지를 전하는 것은 불가능하다. 나는 지금 우리가 예수님이 예언하신 시기, 즉 많은 사람의 사랑과 관심이 식어가는 시기에 살고 있다고 믿는다.

당신은 복음을 전하는 목사인 나를 위해 기도하겠는가? 나는 당신에게 사람들이 기도로써 흔히 구하는 것을 구하라고 부탁하지 않는다. 나는 당신이 이 시대가 어떤 시대인지를 깊이 생각하면서 나를 위해 기도해달라고 부탁하고 싶다. 내가 오직 안락한 보금자리만을 탐내는 늙고 지친 설교자로 생(生)을 마감하지 않도록 기도해달라. 내가 그리스도인으로서 신앙적 기준을 완화하지 않고 죽는 그 순간까지 자기희생을 기꺼이 받아들일 수 있도록 기도해달라.

우리는 이 시대의 끝과 그리스도의 재림에 대한 그분의 분명한 교훈을 거부할 수 없다. 또한 성경에서 이 세상과 만물의 최후를 향한 하나님의 계획에 대해 말하고 있는 것을 부정할 수 없다. 성경의 많은 부분은 장차 일어날 일들에 대해 예언한다. 이런 예언 중 일부는 이미 성취되었고, 나머지는 앞으로 성취될 것이다.

미국 에번스턴에서 세계교회협의회(WCC)의 가장 중요한 국제회의가 열렸을 때 우리는 굉장히 놀랐다. 왜냐하면 그들이 '세상의 희망 그리스도'라는 이례적인 주제를 내걸었기 때문이다.

나중에 밝혀진 바에 따르면, 세계교회협의회의 지도자들 역시 매우 당혹감을 느꼈는데, 그 까닭은 해외 기독교 교단의 대표들이 '세상의 희망 그리스도'라는 말을 '그리스도의 재림이 세상의 희망이다'라는 의미로 해석했기 때문이다.

우리는 이러한 변화에 매우 놀랐다. 왜냐하면 협의회의 지도자들은 여러 해 동안 성경의 예언적 성격을 축소해오고, 그리스도의 가시적(可視的) 재림을 부정해왔기 때문이다.

왜 협의회 지도자들은 재림에 대한 논의를 억눌렀을까? 왜 그들은 세계 각처에서 온 대표자들이 그리스도의 재림을 세상의 가장 큰 희망으로 규정하지 못하도록 끈질기게 방해했는가? 내가 볼 때 거기에는 적어도 세 가지 이유가 있다.

첫째, 많은 목회자와 기독교 단체들은 그들 나름대로 사회관과 국가관을 가지고 있는데, 그들이 볼 때 그리스도의 재림에 대한 성경의 예언은 그들의 사회관이나 국가관과 맞지 않는다고 생각했기 때문이다.

둘째, 협의회 지도자들은 그리스도의 예언이 그들의 삶에서 무엇을 요구하는지 잘 알고 있다. 즉, 그들은 예수 그리스도의 재림을 그대로 받아들이면 세상과 세상의 불경건한 것들을 버려야 한다는 사실을 알고 회피하려고 한다.

셋째, 협의회 지도자들은 자기들이 성경의 예언을 문자적으로 해석하는 사람들에게 동의한다는 인상을 주기를 싫어한다.

왜냐하면 일부 사람들이 황당한 성경 해석을 고집하고 성경 자체가 설정한 해석의 한계선을 넘어감으로써 세상에서 웃음거리가 되었기 때문이다.

엄숙한 시대

모든 성도는 재림에 관한 기초 지식을 쌓아야 한다. 우리 주님은 이 땅에 다시 오시겠다고 약속하셨다. 그분께 선택받은 사도들은 그분이 다시 와서 다스리실 것이라고 가르쳤다. 몇 세기 동안 교부(敎父)들도 기독교의 최종적 소망과 위로가 되시는 그분이 이 땅에 다시 오실 것이라고 가르쳤다.

그리스도께서 승천하실 때 천사가 제자들에게 "너희 가운데서 하늘로 올리우신 이 예수는 하늘로 가심을 본 그대로 오시리라"(행 1:11)라고 전했다.

대부분의 사람들은 성경에 나온 예언의 문자적 해석을 거부한 사람들의 그럴듯한 설명을 들어보았을 것이다. 여러 해 동안 어떤 이들은 그리스도의 재림의 예언이 AD 70년의 예루살렘 멸망에서 실현되었다고 가르쳤다. 이것은 너무 웃긴 얘기이기 때문에 더 이상 언급할 가치조차 없다.

또 어떤 이들은 그리스도의 재림 예언이 그리스도인들이 죽을 때마다 거듭거듭 성취되어 왔다고 가르쳤다. 그러나 인류와 세상을 향한 하나님의 위대한 계획에서 그리스도의 강림은 딱 두 번 뿐이라고 성경은 분명히 가르친다. 한 번은 십자가에서 죽으시기 위함이고(초림), 다른 한 번은 세상을 다스리시기 위함이다(재림). 그리스도인들이 죽을 때마다 그분의 재림의 예언이 성취되어가는 것이라면, 그분의 극적인 두 번의 강림에 대한 그분의 교훈은 전혀 근거 없는 말이 되어버린다.

성경의 예언을 연구한 사람은 현재 이 시대가 정신을 바짝 차리게 만드는 위기의 시기일 뿐만 아니라 매우 멋진 시기임을 깨달을 수 있다. 위기이면서도 동시에 매우 멋진 시대라… 그야말로 극적인 시대가 아닐 수 없다! 지금은 당신과 내가 다 헤아릴 수 없는 위대한 시대이다. 아무튼 우리는 성경의 예언에 귀를 기울이지 않으면 안 되는 엄숙한 시대에 살고 있다.

예측할 수 없는 내일

세계 역사는 어떻게 진행될 것인지를 정확히 예측할 수 있는 일정표와 같은 성질의 것이 아니다. 마찬가지로 우리는 성경에서 정거장의 이름과 출발 및 도착 시간이 제시되어 있는 열차 시간표와 같은 특성을 발견할 수 없다.

성경을 이런 식으로 해석할 수 있다고 말하는 사람은 성경의 예언을 왜곡하고 잘못 이해하는 것이다. 성경은 지극히 큰 그림을 보여주는 책이다. 만일 화가가 하늘에 그림을 그린다면, 그의 붓놀림이 지극히 커야 할 것이다. 성경도 이렇게 광대한 붓놀림을 사용하여 미래를 그려준다. 하늘에 그려진 그림을 보려면 뒷걸음질로 아주 멀리까지 물러나야 그 전체적인 윤곽을 파악할 수 있을 것이다. 이런 그림을 그리기 위해서는 이쪽 별에서 저쪽 별까지 거대한 붓이 움직이기 때문에 자잘한 것까지 다 그려넣을 수 없다.

그러므로 성경은 우리 각자의 내일이 어떻게 될 것인지에 대해 예언하지 않는다. 천사들도 그것을 알 수 없고, 오직 하늘에 계신 하나님 아버지만이 아신다. 평범한 보통사람뿐만 아니라 세계적인 지도자도 미래에 어떤 일이 일어날지를 예측할 수 없다. 승승장구(乘勝長驅)하는 지도자와 집단 또는 국가는 자기들에게 위대하고 영속적이며 우월한 일이 종종 일어날 것이라고 기대한다. 그런데 우리가 이들에게 동조하지 않고 오히려 "당신도 언젠가는 사라질 존재입니다"라고 말한다면, 그는 매우 성난 표정으로 "당신은 냉소적인 비관주의자이군요"라고 쏘아붙일 것이다.

우리가 사는 이 시대는 옳은 말을 하는 사람이 욕을 얻어먹는 시대이다. 상황을 예리하게 간파하는 사람치고 냉소주의자라는 말을 듣지 않는 사람이 거의 없을 정도이다. 현실을 정확히 꿰뚫어보는 사람이 비관주의자로 몰리기 일쑤이다.

그러나 몇 달 혹은 몇 년이 흐른 뒤에는 사람들의 가치관이나 문제를 해결하는 방법 그리고 활동하는 모습이 완전히 바뀌는 경우가 많다. 예전에는 당신에게 반대하고 다른 누군가의 주장이나 계획을 열광적으로 지지했던 사람이 이제는 그때를 되돌아보며 당신의 예견(豫見) 능력에 감탄할 수도 있다.

조금이라도 미래를 제대로 예측할 수 있다는 것은 놀랍고 신나는 일이지만, 이런 예측 능력을 가진 사람은 여러 사람의 비판과 적의(敵意)에 직면할 수 있다.

이 세상에서 아무리 뛰어난 사람이라도 그는 여전히 일개 인간일 뿐이다. 아마도 그 사람은 미래의 사건을 정확히 예측할 수 있는 초자연적인 능력을 얻을 수만 있다면 무슨 대가라도 지불할 것이다.

세계의 지도자들은 어떤 점에서는 우리보다 위대하다. 그렇지 않다면 그들이 우리의 자리에 있을 것이고, 우리가 그들의 위치에 있을 것이기 때문이다. 그러나 장차 심판의 날이 오면 세상에서 위대한 자들이 산(山)과 바위에게 자기들을 덮으라고 소리칠 것이라고 사도 요한은 증거한다.

"땅의 임금들과 왕족들과 장군들과 부자들과 강한 자들과 각종과 자주자가 굴과 산 바위틈에 숨어 산과 바위에게 이르되 우리 위에 떨어져 보좌에 앉으신 이의 낯에서와 어린양의 진노에서 우리를 가리우라 그들의 진노의 큰 날이 이르렀으니 누가 능히 서리요 하더라"(계 6:15-17).

하나님께서 동정녀를 통해 이 땅에 오셨을 때 그분의 계획과 임재를 알아볼 능력과 지도력을 갖춘 사람은 한 명도 없었다. 그 당시 지도자들은 그분이 행하시는 일을 알아보지 못했다. 그후, 예수님이 지상 사역을 시작하실 때 오직 평범한 사람들만이 그분의 말씀을 즐겁게 들었다.

통찰력의 결여

세상적인 명성과 지적 능력을 획득할수록 인간의 영적 통찰력이 떨어지는 듯하다. 일반적으로 세상의 지도자들에게 영적 통찰력을 찾아보기란 힘들다. 대부분의 국가 지도자들은 평화를 간절히 바라고 평화를 위해 많은 노력을 기울인다. 평화 가운데 조화를 이루며 사는 것에 관심이 없는 국가는 거의 없다. 우리는 모든 나라가 총과 대포를 녹여서 농기구를 만들고 그것을 평화적 목적으로 사용하기를 희망한다.

그러나 국가들이 이렇게 평화롭게 살기를 바라는 희망은 참으로 덧없는 것이다. 평화와 화해를 촉구하는 지도자들은 성경 공부를 하지 않았기 때문에 성경이 미래에 대해 무엇이라고 말하는지 모른다. 심지어 소위 외교관이나 정치가들도 국가를 긴장과 무력충돌로 몰아넣을 수 있는 날마다의 사건들에 대해 성경적인 시각을 갖지 못한다. 게다가 그런 사건들에 대한 통제력은 그들에게 더더욱 없는 형편이다. 미국의 국무부 고위관리가 아침에 백악관 사무실에 출근하여 그의 동료에게 이렇게 물었다고 한다.

"우리의 변하지 않는 장기적 외교정책이 오늘 어떻게 변할까?"

당신은 이런 뼈 있는 말을 듣고 싱겁게 웃어넘길지 모르지만, 이 이야기는 사람과 국가가 매일의 사건에 대해 전혀 확신을 갖지 못하는 현실의 모습을 잘 보여준다. 국가의 전략은 일종의 '편의주의(便宜主義)의 게임'이 되고 말았다. 다시 말해서, 한 국가는 상대편 국가의 반응을 보고 전략을 세워 행동한다. 이런 의미에서 국가들 사이에서 일어나는 일은 체스(chess)와 비슷하다. 체스를 하는 사람은 게임의 처음부터 끝까지를 미리 생각해 두고 게임에 임하지 않는다. 상대편이 두는 수(手)를 보고 그것에 맞대응하여 한 번에 한 수(手)를 두는 것이 체스의 규칙이다.

내가 최근 몇 년 동안 들은 유일한 예언은 세계적인 영향력을 가진 어떤 정치가가 내놓은 것이었다. 그의 예언은 절대 빗나갈 수 없는 예언이었다. 왜냐하면 그가 "다음 전쟁은 '미래에' 일어날 것입니다"라고 말했기 때문이다!

미래에 대해 우리가 확신할 수 있는 것은 없지만, 무기와 폭탄이 산더미처럼 쌓인 이 세계가 실로 화약고와 같다고 생각하면 정신이 번쩍 든다. 탐욕스러운 자나 권력에 굶주린 자 또는 사리분별을 못 하는 자가 이 화약고에 성냥을 던지기만 하면, 세상은 일순간에 날아갈 수도 있다.

이런 위험에 대해 누구를 탓해야 하는가? 정치를? 종교를? 인간의 도덕성을? 내가 볼 때, 국가의 삶과 국제 사회의 삶을 구성하는 이 세 부분, 즉 정치와 종교와 도덕성은 서로 깊이 얽혀 있기 때문에 분리될 수 없다.

어떤 국가이든 간에 그 국가의 중추는 결국 종교적 유산(遺産)과 배경에 의해 형성되기 마련이다. 그리고 한 국가의 윤리적 삶과 기준은 그 국가의 종교에 의해 영향을 받는다. 정부의 결정과 정치인들의 결정은 종교적 및 윤리적 교훈과 기준에 영향을 받는다.

이러한 현상은 전 세계 국가들 사이의 불신과 불확실성이 점점 증가하고 있다는 것을 나타낸다. 인간에게는 미래에 대한 확실한 예언을 결코 기대할 수 없다.

거짓 구세주의 등장

우리 주 예수 그리스도께서는 성경을 통해 우리에게 명확한 예언의 말씀을 주셨다. 주님은 이 세대의 끝에 그분이 속히 오실 것을 보여주는 표적과 증거에 관하여 제자들에게 말씀해주셨는데, 이 말씀이 성경에 기록되어 우리에게 전해졌다. 마태복음 24장은 예수님의 재림 직전의 시기에 세상에서 일어날 몇 가지 특징적인 일들을 우리에게 알려준다. 예수님은 그 시기에 자기가 메시아라고 주장하는 사람이 점점 더 많이 나타날 것이라고 제자들에게 경고하셨다. 그분은 이렇게 말씀하셨다.

"많은 사람이 내 이름으로 와서 이르되 나는 그리스도라 하여 많은 사람을 미혹케 하리라"(마 24:5).

또한 계속하여 그분은 다음과 같이 말씀하셨다.

"거짓 그리스도들과 거짓 선지자들이 일어나 큰 표적과 기사를 보이어 할 수만 있으면 택하신 자들도 미혹하게 하리라"(마 24:24).

그런데 여기서 그분은 거짓 그리스도들이 이 세대의 끝에 나타나는 일이 역사상 전례 없는 새로운 현상이 될 것이라고 말씀하시는 것이 아니다. 왜냐하면 역사를 연구해보면, 이런 식의 광신적이고 자칭 선지자요 구세주라고 떠드는 사람이 종종 나타났었기 때문이다. 주께서 우리에게 확실히 말씀해주기를 원하시는 요지(要旨)는 이것이다.

"장차 이 세대의 끝이 도래하고 위험한 때가 이르면 거짓 메시아들이 무수히 등장할 것이다. 그렇기 때문에 이런 거짓 주장들이 해금기(解禁期)를 맞았다는 생각을 불러일으킬 정도일 것이다."

예수께서 재림하시는 날이 점점 가까워지고 열국(列國)의 고통이 심해질수록 이런 거짓 선지자들이 더욱더 많이 나타날 것이다. 그리고 그들은 "내가 그리스도이다", "내게 문제해결의 열쇠가 있다", "내가 세상에 평화를 줄 수 있다", "내가 너희를 약속의 땅, 즉 유토피아로 이끌 수 있다" 또는 "내일이면 천년왕국이 도래하여 모두가 번영을 누릴 것이다"라고 주장할 것이다.

이 소위 '구세주들'의 대다수가 종교의 탈을 쓰고 나타날 것이며, 나머지는 정치적 약속과 프로그램을 제시하면서 사람들을 유혹할 것이다. 세상이 말세의 고통스러운 정치적, 사회적 및 경제적 혼란에 급속히 빠져들 때 이런 '구세주'의 수가 급격히 증가할 것이다.

~있으리니

우리가 또한 주목해야 할 점은, 예수님이 제자들에게 주신 경고의 일부가 전쟁과 폭력과 기근 및 전염병과 관련이 있다는 것이다. 왜냐하면 주께서 다음과 같이 말씀하셨기 때문이다.

"난리와 난리 소문을 듣겠으나 너희는 삼가 두려워 말라 이런 일이 있어야 하되 끝은 아직 아니니라 민족이 민족을, 나라가 나라를 대적하여 일어나겠고 처처에 기근과 지진이 있으리니"(마 24:6,7).

예수께서는 재림 전에 이 땅에 일어날 일들에 대해 예언하셨는데, 우리는 그분의 예언에서 열국이 군사력에 점점 더 의존할 것이라는 암시를 발견할 수 있다.

어떤 사람은 역사의 진자(振子)가 전쟁과 반전(反戰) 사이를 늘 왔다 갔다 하는 것을 꿰뚫어볼 수 있을 정도로 오래 살았다. 제1차 세계대전 직후에 여러 나라에서 강력한 반전운동이 일어났다. 많은 설교자들은 평화주의자요 '전쟁추방운동'의 지도자로서 앞장서는 것이 적절하고 편하다는 것을 알게 되었다.

대다수의 교인들은 "우리는 전쟁을 금한다"라고 선언하는 교회 지도자들에게 영향을 받았다. 교회 지도자들은 인류가 전쟁을 통해 귀중한 교훈을 배웠지만 다시는 전쟁이 없을 것이라는 결론을 내리고, 이와 같은 성명서를 발표했다.

그 결과, 1920년대에 성장하기 시작한 세대는 다시는 대규모 전쟁이 일어나지 않으리라 믿었다. 미국은 쇳조각을 일본에 팔았고, 일본은 그것으로 무기와 폭탄을 만들어 미국의 진주만을 공격했다! 전 세계가 제2차 세계대전의 소용돌이 속에 빠져들었고, 전쟁이 끝날 때까지 화염과 파괴가 계속되었다. 결국 악명 높은 원자폭탄이 일본의 두 도시에 떨어졌고, 무수한 희생을 치른 이 큰 전쟁은 왠지 섬뜩한 기분을 남기고 종식되었다.

이후에 국제연합(UN)이 창설되고, 사람들은 또다시 "이번에는 인류가 교훈을 배웠다. 이제 정말 전쟁은 금지되어야 한다. 우리는 전쟁 말고 다른 좋은 방법을 찾을 수 있을 것이다"라고 외쳤다.

이제 딱 한 가지 질문을 던지고 싶다. 국가의 정부 뒤에서 실질적인 권력을 휘두르는 자가 누구인가? 나는 당신이 이 질문에 대한 대답을 알 것이라고 믿는다. 그 대답은 바로 "군대의 지도자들!"이다.

이 이야기를 하니까 미국의 건국 이념이 생각난다. 미국은 민간인들, 즉 국민이 스스로 통치하고 국가의 운명을 결정해야 한다는 원리에 입각하여 세워졌다. 오랜 세월 동안 미국인들은 그토록 많은 국가가 병영국가(兵營國家)처럼 장군과 제독을 비롯한 기타 군대 지도자들에 의해 좌지우지되는 현상을 불쾌하게 여겼다.

내 진단은, 우리가 사는 세상이 많은 국가를 그런 지경에 처하도록 만들었다는 것이다(물론 국가의 권력이 군부에서 다른 세력으로 옮겨가는 현상이 조금씩 조금씩 계속 나타나는 것 또한 사실이다). 아무튼 현재 군부는 막대한 군대 예산의 필요성을 강조하고 있고, 국가가 나아갈 방향을 제시하는 사람들 중에서 장군과 제독들의 입김이 강하게 작용하고 있다. 이런 현실에서 내가 미래를 걱정하는 사람들에게 다음과 같은 경각심을 불러일으킨다면, 이것으로 나는 내 할 본분을 다했다고 생각한다.

"현재 우리가 처한 상황은 제2차 세계대전 발발 직전에 유럽이 처했던 상황과 똑같지 않은가?"

대부분의 사람은 예수님의 경고에 대해 "전쟁이 일어나는 것은 인간의 본성 때문이다"라고 상투적으로 말하는데, 그 까닭은 이런 식으로 대충대충 반응하는 것이 그들에게 편하기 때문이다. 예수님의 시대 이후 이제까지 인류 역사에서 나라와 종족과 부족들 사이에 일년 동안만이라도 싸움이 없었던 적이 있는지 정말 궁금하다.

예수께서 부족들 사이의 작은 분쟁과 분규에 대해 경고하신 것은 아니라고 생각한다. 그분은 이 세대의 종말에 펼쳐지게 될 국제관계의 방대함과 복잡함을 미리 내다보셨다. 주님은 하룻밤 사이에도 지옥 같은 제3차 세계대전이 일어날 수 있는 국제관계의 폭발성을 충분히 감지하고 계셨다.

서로 미워할 것이다

마태복음 24장을 다시 보자. 여기에서 예수님은 자신의 제자들에게 이렇게 경고하셨다.

"그때에 많은 사람이 시험에 빠져 서로 잡아 주고 서로 미워하겠으며"(마 24:10).

현재 이 세상의 전체주의(全體主義) 국가들을 생각해보자. 이런 나라들은 국민의 삶을 어떻게 통제하는가? 전체주의 국가에서는 국민을 통제하고 조직화하기 위해 국가 방침을 세우는데, 이것의 핵심은 가족 안에서 식구들끼리 서로 불성실하고 미워하고 배신하도록 만드는 것이다. 만일 러시아의 모든 가족이 서로 성실하게 대하고 아껴주었다면, 공산주의는 출발하자마자 붕괴되었을 것이다. 그러나 공산당의 기본 전략은 개개인이 과거에 붙들었던 하나님을 아는 지식과 교회와의 유대뿐만 아니라 가족 안의 유대까지도 포기하고 배반하게 만들고 싶을 정도로 그들의 인간성을 철저히 파괴하는 방법 위에 세워져 있다.

당(黨) 안에서 더 많은 점수를 얻어 높은 지위에 오르기 위해 자기의 부모를 배반하고 팔아먹는 일을 서슴지 않겠다는 소년과 소녀가 수백만이나 된다는 사실은 참으로 개탄할 만한 일이다!

거짓 선지자와 거짓 그리스도들의 표적에 대해 경고하실 때에도 그러했지만, 예수님은 말세의 미움과 배반이 인류 역사상 전례 없는 새로운 현상이라고 말씀하지 않으셨다. 다만 주님은, 그분의 재림 직전의 마지막 시기에 사람들 사이의 미움과 배반이 극에 달할 것이라고 강조하신 것뿐이다. 사실 배반과 반역을 통해서라도 자기의 목적을 달성하겠다는 사상(思想)이 지금도 전 세계적으로 확산되고 있다.

이런 사상을 받아들인 현대인들은 박해라는 수단을 사용하는 것까지도 마다하지 않는다. 그렇기 때문에 예수님은 비극적 시기의 시작에 대해 언급하시면서 "그때에 사람들이 너희를 환난에 넘겨주겠으며 너희를 죽이리니 너희가 내 이름을 위하여 모든 민족에게 미움을 받으리라"(마 24:9)라고 경고하셨다.

히틀러가 유럽에 등장하여 전 세계에 흩어져 있는 유대인들을 향해 증오와 분노를 폭발시킨 이후, 세상에 일어난 대규모적인 박해의 잔혹함은 언급할 필요가 없을 정도로 널리 알려져 있다. 스페인, 아르헨티나, 콜롬비아 등에서 일어난 박해와 억압과 구금(拘禁)의 증거를 굳이 제시하지 않아도 될 것이다! 잘 알려져 있듯이, 교회에서든 국가에서든 박해는 전체주의(全體主義)의 체제를 유지시키기 위한 수단이다. 우리 주님은 박해의 급격한 증가가 자신의 재림이 임박했음을 알리는 표적이라고 가르치신다.

이 시대의 종말에 대해 언급하시면서 예수님은 또한 이렇게 말씀하셨다.

"불법이 성하므로 많은 사람의 사랑이 식어지리라"(마 24:12).

예수께서는 이 땅에 불법이 증가할 것임을 하나님 백성의 영적 쇠퇴 및 영적 냉담과 연결시켜 말씀하신 것이 분명하다. 다시 말하지만, 말세에 대한 예언에서 우리 주님은 평상시에 일어날 수 있는 일들에 대해 말씀하시는 것이 아니라, 죄와 불법이 극에 달하고 종교인이라고 자처하는 사람들의 냉담과 무감각이 전례 없이 확산될 것에 대해 말씀하신 것이다.

공짜 신앙생활

나는 예수 그리스도께서 영적으로 잠들어 있는 우리를 깨우기 위해 마태복음 24장 말씀을 하셨다고 믿는다. 주님은 불법과 배교(背敎)가 극에 달한 이 시기에 우리의 등(燈)을 손질하고 등불이 계속 타오르도록 하려면 어떤 대가를 지불해야 할지에 대해 진지하게 생각해볼 것을 당부하신다.

우리 주님은 이토록 위기의 시기에 부유한 중산층으로서 교회에 다니지만 신앙을 위해서는 조금의 대가도 지불하지 않는 사람이 있을 것임을 내다보셨다. 내가 이렇게 말하면, 혹자는 "나는 십일조를 드립니다"라고 목소리를 높인다. 좋다! 하지만 십일조를 드리고 우리에게 남은 10분의 9는 우리 부모 세대가 소유했던 것보다 100배는 더 많다.

십일조를 바치는 일이 하나님의 일이므로 우리가 그렇게 하는 것은 옳은 행위이다. 하지만 그렇다고 해서 우리가 우리의 것을 희생한 것이 아니다. 다시 말해서, 우리는 우리 것을 희생할 정도까지 그분께 드리지 않는다. 오래 전에 하나님의 옛 선지자는 "나의 것을 희생하는 일이 아니라면, 나는 그런 것을 하나님께 드리지 않겠다"라고 말했다. 우리 모두는 그의 말을 가슴 깊이 새겨야 한다.

친구여! 그리스도인으로서 당신의 신앙과 증거를 위해 당신은 이번 주에 어떤 희생을 치렀는가? 이 질문에 당신은 "나는 이번 주에 교회에 두 번 갔습니다"라고 대답할지 모르겠다. 그렇게 대답한다면, 나는 당신이 집에 있을 때만큼 재미를 보려고 교회에 간 것이라고 따끔하게 지적하고 싶다. 교회에 가서 친구들과 즐겁게 놀았으니 그곳에 가는 것이 즐거운 일이 아니겠는가? 즐기고 놀았으니 당신은 전혀 희생하지 않았다! 십일조는 냈지만 은행에 저축할 돈을 남겨두었으니 당신은 아무것도 희생하지 않은 것이다.

우리는 희생을 치르지 않고 편하게 할 수 있는 일만 주님과 교회를 위해 하려고 한다. 편한 일이라면 하지만, 그렇지 않은 일이라면 우리는 "목사님, 죄송합니다. 다른 사람에게 맡기시는 것이 좋을 것 같습니다"라고 말한다. 이제 이런 우리의 모습을 반성해야 할 때가 되었다.

대부분의 성도들은 형편이 좀 나아지면 주님을 섬기겠다고 한다. 우리는 기도와 금식을 좋은 것이라고 말하지만, 상황이 조금만 어려워져도 기도와 금식을 포기한다. 내가 하고 싶은 말은, 하나님을 믿는다고 고백하는 수많은 그리스도인이 아무 대가도 치르지 않고 공짜로 신앙생활을 하려는 아주 영악한 부류라는 것이다.

우리는 고난당하고 땀과 피를 흘리고 죽는 일은 모두 예수님께 재빨리 떠넘긴다. 우리는 그분이 고난과 죽음을 통해 맺은 모든 열매를 오직 믿음을 통해 우리 것으로 만들려고 한다. 이것을 '매우 현명한 거래'라고 여긴다. 우리는 이렇게 수지 맞는 거래를 한 스스로가 대견스러워 등을 두드린다. 그리고 다시 편한 일과 습관을 향해 쏜살같이 질주한다.

나의 이런 비판이 기독교인들에게는 인기가 없겠지만, 그럼에도 불구하고 나는 오늘날 교회의 상태를 다음과 같이 진단하는 바이다.

"오늘날 복음주의적 교회에 다니는 교인들은 기독교를 통해 즐겁고 재미있는 시간을 보낸다. 거기다가 덤으로 성경적 경건의 모양을 갖출 수 있는 기회까지 주어지는데, 현재는 그것마저 미미한 수준에 머물고 있다."

마음을 살펴보라

이제 우리는 마음을 살펴 스스로에게 '신앙을 지키기 위해 내가 무엇을 희생하는가? 나는 피와 눈물과 땀을 조금도 흘리지 않으면서 하나님께 헌신한다고 착각하고 있는 것이 아닌가?'라고 물어야 할 때이다.

많은 교회의 교인들은 자기네 교회가 선교에 힘쓴다고 자랑한다. 그러나 그러면서 그들은 과거에 일부 그리스도인이 그랬듯이 선교사들만을 고생스러운 나라로 내몰고 있다. 그리고 그들은 선교에 관심이 아주 많다고 말한다. 하지만 그들은 선교사들이 해외의 정글에서 고생하고 있을 때 자기들은 국내에서 편히 지낸다는 것을 전제로 관심이 많은 것이다.

예수 그리스도의 복음을 위해 해야 할 일보다 자신의 편리와 안락과 이기적인 목적을 앞세우는 교인들은 무릎을 꿇고 성경을 펴놓은 채 스스로를 살펴야 한다. 정직한 마음으로 이렇게 한다면 그들은 자기의 실상을 보고 충격을 받을 것이다!

십자가에 못 박히도록 예수를 넘겨준 사람들은 점잔을 빼는 부유한 중상층이었다. 당신은 이 사실을 잊었는가?

가난한 사람, 압제에 시달리는 사람 그리고 버림받은 사람은 예수님의 말씀을 기쁘게 듣고 그분을 따랐다. 그러나 오늘날 우리는 팔을 벌려 이런 부류의 사람을 얼마나 많이 교회 안으로 받아들이고 있는가?

불명예스러운 직업으로 간주되어 경멸의 대상이 되었던 세리(稅吏)가 예수님을 믿고 그분과 함께 식사를 하게 되었다. 그때 사람들은 그런 천한 사람과 식사를 한다고 주님을 비난했다. 예수님 당시 그분을 믿지도 영접하지도 않던 사람들은 중상층에 속했던 자들인데, 그들은 대부분 종교생활을 열심히 하고 있었던 자들이다.

끝이 올 것이다

우리는 마태복음 24장에 기록된 예수님의 말씀 중에서 다음의 구절을 강조하지 않을 수 없다.

"이 천국 복음이 모든 민족에게 증거되기 위하여 온 세상에 전파되리니 그제야 끝이 오리라"(마 24:14).

기독교의 선교활동이 역사상 그 어느 때보다도 활발하고 광범위하게 이루어지고 있는 것은 틀림없는 사실이다. 지금과 같이 악하고 혼란스러운 시기를 살아가는 하나님의 자녀들은 이런 고무적인 일을 계기로 힘과 용기를 얻어 함께 전진해야 할 것이다. 우리 주님은 "이 천국 복음이 전파될 것이다"라고 말씀하셨다.

이제 나는 당신에게 묻고 싶다.

"왕이 없는 왕국이란 무엇인가?"

이 땅과 세상 왕국의 사람들은 복잡하게 돌아가는 사회 속에서 서로 경쟁하면서 박해와 배반을 서슴지 않지만, 하나님은 자신의 거룩한 성전에 계시며 하늘에 있는 자신의 보좌에 좌정해 계신다. 이 땅의 이런 모든 상황에서 전능하신 하나님께서는 우리를 시험하신다. 그분은 나라와 왕과 열국의 지도자를 시험하신다.

그리스도께서 만왕(萬王)의 왕이요 만주(萬主)의 주로서 다시 오시기 전에 세상에서 일어나는 일들로 수많은 사람이 두려움과 고민에 빠질 것이다. 그러나 "여호와의 사자가 주를 경외하는 자를 둘러 진(陣) 치고 저희를 건지시는도다"(시 34:7)라는 말씀에서도 알 수 있듯이, 하나님은 교회의 구성원, 즉 그리스도의 몸을 특별히 지켜주신다. 우리가 아직은 하나님의 모든 약속을 이해할 수 없지만, 감히 우리는 그분의 구원을 의지할 수 있다. 그 까닭은 위험에 처한 그분의 자녀들이 마치 보이지 않는 불의 벽에 둘러싸인 것처럼 보호를 받았던 경우를 역사 속에서 너무나 많이 발견할 수 있기 때문이다.

나는 내 영혼이 우리 주 예수님의 말씀과 예언을 기뻐한다고 고백하고 싶다. 왜냐하면 주님은 마치 망원경을 가지고 보듯이 역사의 긴 세월을 뛰어넘어 미래를 보시고 우리에게 자세히 말씀해주시는데, 이것으로 우리는 그분의 전지전능하신 특성을 확신할 수 있기 때문이다. 그분은 영원한 하나님이시다. 그렇기 때문에 예수님은 갈릴리에서 활동을 시작하기 전에 이미 우리의 모든 미래를 다 살아보셨다. 나는 하나님의 아들이요 장차 오실 우리의 주님이신 그분께서 앞으로 우리에게 닥칠 상황을 충분히 해결하실 수 있다고 믿는다. 그래서 기쁨으로 충만하다. 그분이 누구이신지를 명확히 알고 그 지식으로 무장할 때 우리는 이 세상 사람들처럼 두려움에 빠지지 않을 것이다.

하나님의 말씀은 우리의 평안과 안식의 기초이다. 그래서 우리는 이 위험한 격변(激變)의 시기에도 시편 기자처럼 이렇게 고백할 수 있다.

"하나님은 우리의 피난처시요 힘이시니 환난 중에 만날 큰 도움이시라 그러므로 땅이 변하든지 산이 흔들려 바다 가운데 빠지든지 바닷물이 흉용하고 뛰놀든지 그것이 넘침으로 산이 요동할지라도 우리는 두려워 아니하리로다(셀라) 한 시내가 있어 나뉘어 흘러 하나님의 성 곧 지극히 높으신 자의 장막의 성소를 기쁘게 하도다 하나님이 그 성중에 거하시매 성이 요동치 아니할 것이라 새벽에 하나님이 도우시리로다 이방이 훤화하며 왕국이 동하였더니 저가 소리를 발하시매 땅이 녹았도다 만군의 여호와께서 우리와 함께하시니 야곱의 하나님은 우리의 피난처시로다(셀라) 와서 여호와의 행적을 볼지어다 땅을 황무케 하셨도다 저가 땅 끝까지 전쟁을 쉬게 하심이여 활을 꺾고 창을 끊으며 수레를 불사르시는도다"(시 46:1-9).

이것은 하나님께서 갖고 계신 왕으로서의 권세와 통치권을 드러낸 말씀이다. 국제연합(UN)의 권세와 통치권이 아니다.

"너희는 가만히 있어 내가 하나님 됨을 알지어다"라는 말씀을 오늘 우리에게 적용하면, 날마다 시간을 내어 홀로 하나님과 그분의 말씀을 찾으라는 뜻이 된다. 라디오나 TV를 꺼라. 그리고 하나님과의 교제를 기뻐하고, 그분의 긍휼을 즐겨 구하라.

시편 기자는 이렇게 선포한다.

"(저가) 이르시기를 너희는 가만히 있어 내가 하나님 됨을 알지어다 내가 열방과 세계 중에서 높임을 받으리라 하시도다 만군의 여호와께서 우리와 함께 하시니 야곱의 하나님은 우리의 피난처시로다"(시 46:10,11).

그리고 예수님은 명하신다.

"적은 무리여 무서워 말라 너희 아버지께서 그 나라를 너희에게 주시기를 기뻐하시느니라"(눅 12:32).

또한 이렇게 말씀하신다.

"음부의 권세가 이기지 못하리라"(마 16:18).

chapter 10

참 그리스도인은 나의 날이 아니라
주님의 날을 사모한다

그리스도의 은혜와 사랑을 회상하자! 그리스도의 다시 오심과 영광을 고대하자!
그리고 그분이 오실 때까지 열심히 일하고 소망 가운데 기뻐하자!

> 복스러운 소망과 우리의 크신 하나님 구주 예수 그리스도의 영광이 나타나심을 기다리게 하셨으니 그가 우리를 대신하여 자신을 주심은 모든 불법에서 우리를 구속하시고 우리를 깨끗하게 하사 선한 일에 열심하는 친백성이 되게 하려 하심이니라 딛 2:13,14

빈둥거리며 놀라고 구속하신 것이 아니다

하나님의 백성, 즉 그리스도의 성육신 사건과 그분의 약속된 재림 사이의 시기를 살고 있는 그리스도인들은 진공 상태에서 사는 것이 아니다.

주 예수님이 머지않아 재림하실 수 있다는 가능성을 부인하는 기독교 교파들이 그분의 임박한 재림을 믿는 사람들에 대해 "저 사람들은 앉아서 빈둥빈둥 놀면서 푸른 하늘을 쳐다보며 '다 잘 될 거야. 다 잘 될 거야!'라고 외치고만 있다"라고 비난하는 것은 참으로 황당한 일이다!

이런 비난을 퍼붓는 사람들이야말로 진리에서 멀리 떨어져 있는 사람들이다. 우리는 그리스도의 성육신과 그분의 재림 사이의 시기에 살고 있지만, 결코 진공 상태에 살고 있지 않다. 우리가 해야 할 일은 너무 많지만, 그것을 이룰 수 있는 시간은 너무나 적다.

이중적 치료

정신을 가다듬고 잠시 주변을 돌아보라. 모든 것을 포기하고 세계 곳곳으로 달려가는 사람은 어떤 그리스도인인가? 고국에 머물면서 전 세계의 복음화를 위해 자신의 금전과 시간을 희생하는 사람은 어떤 그리스도인인가? 바로 예수 그리스도의 재림을 철저히 믿는 그리스도인이다.

기독교의 각종 사역과 해외선교를 감당할 젊은이들을 훈련하기 위해 기도하고 가르치고 물질을 투자하는 교회는 어떤 교회인가? 바로 "내가 돌아오기까지 장사하라"(눅 19:13)라고 명하신 분의 가르침에 순종하는 교회이다.

사도 바울이 디도에게 보낸 편지에는 죽음의 문제뿐만 아니라 그리스도 재림의 문제와 관련하여 의미심장한 교훈이 담겨 있다.

사방으로부터 핍박과 시험을 당하던 영국의 초기 감리교 신자들의 기록을 보면, 존 웨슬리가 "그리스도인은 평안히 죽는다"라고 말한 것을 알 수 있다.

최근에 나는 어떤 교단의 지도자가 통계를 인용하면서 다음과 같이 발표한 것을 들었다.

"죽음을 맞이하는 사람 중 단지 10퍼센트 정도만이 죽음에 대해 영적으로 준비가 되어 있다."

영적인 관점에서 볼 때, 삶을 제대로 살았던 사람만이 평안히 죽을 수 있다고 생각한다. 디도서에는 그리스도인의 삶과 능력에 대한 여러 교훈이 담겨 있다. 우리는 그중에서도 특히 누구에게나 일어날 수 있는 예기치 못한 일에 대한 근본적인 대책을 세우는 방법을 배울 수 있다.

사도 바울은 예수 그리스도께서 우리를 대신하여 자신을 주신 분이라고 분명히 밝힌다(딛 2:14). 어떤 것이 얼마나 가치 있는지를 알려면, 사람이 그것을 위해 얼마의 돈을 지불하는지를 보면 된다. 그런데 어떤 이에게 가치 있는 것이 다른 이에게는 가치 없는 것으로 여겨질 수도 있다. 예를 들면, 다이아몬드와 기타 보석들에 열광하는 사람이 많지만, 나는 이것에 본질적으로 아무 가치가 없다고 생각한다.

당신이 기억할지 모르겠지만, 어떤 수탉에 대한 이야기가 있다. 이 수탉은 곡식의 낟알을 찾기 위해 헛간을 이리저리 돌아다니며 땅을 긁었다. 그러다가 몇 년 전에 주인이 잃어버린 아주 큰 진주가 그 녀석의 발톱에 걸렸다. 하지만 그 녀석은 그것을 옆으로 밀어놓고 곡식의 낟알을 계속 찾았다. 진주의 가치를 아는 사람에게는 그것이 엄청나게 귀한 것이지만, 수탉에게는 아무 가치가 없다.

이 세상에는 온갖 종류의 시장이 형성되어 있다. 어떤 물건은 그것에 관심이 없는 고객에게는 별 의미가 없지만, 그것을 원하여 구입하려는 고객에게는 무척 소중하다. 이런 점을 고려할 때 우리는 우리가 그리스도께 얼마나 귀중한 존재인지를 알 수 있다. 왜냐하면 그분은 우리를 대신하여 자신을 주셨기 때문이다!

많은 그리스도인은 자기의 가치를 과소평가해야 한다는 유혹에 시달린다. 물론 나는 참된 겸손을 반대하지 않는다. 다만 나는 이렇게 말하고 싶을 뿐이다.

"당신이 스스로를 낮추고 싶다면, 얼마든지 그렇게 하십시오. 그러나 우리 주 예수 그리스도께서는 당신을 위해 그분 자신을 희생하실 정도로 당신을 소중히 여기셨다는 사실을 기억하십시오."

만일 사탄이 당신에게 다가와 당신이 전혀 쓸모없는 존재라고 속삭인다면, 그와 논쟁하지 말라. 다만 당신이 쓸모없는 존재라는 것을 인정한 다음 그에게 다음과 같이 말해주라.

"네가 내게 대해 무엇이라고 말하든 간에 중요한 것은 '주님이 나를 어떻게 생각하시는가'이다. 그분은 자신을 십자가에 내어주실 정도로 나를 소중히 여기셨다!"

무릇 어떤 것의 가치는 그것을 얻기 위해 얼마의 대가를 치르느냐에 따라 결정된다. 우리를 얻기 위해 주께서는 주님 자신을 내놓으셨다!

예수님은 죄의 권세와 결과로부터 우리를 구속하시는 것을 목표로 삼으셨다. 종종 우리는 찰스 웨슬리가 작사한 찬송가를 부른다. 이 찬송가의 가사는 우리 주님의 죽음이 '이중적 치료'(the double cure)라고 노래한다. 대부분의 사람은 웨슬리가 무슨 의미로 '이중적 치료'라는 표현을 사용했는지 알지 못한 채 찬송가를 부른다.

찰스 웨슬리는 "죄의 이중적 치료가 되게 하소서. 죄의 진노와 권세로부터 저를 구하소서"라고 노래한다. 죄를 향한 하나님의 진노와 인간의 삶을 지배하는 죄의 권세가 둘 다 해결된다는 의미이다. 그리스도께서 우리를 위해 자신을 주셨을 때 그분은 이중적 치료로 우리를 구속(救贖)하신다. 다시 말해서, 예수 그리스도께서는 '죄의 결과'와 인간의 삶을 지배하는 '죄의 권세'로부터 우리를 구원하신다.

정결케 하는 일

사도 바울은 정금 같은 진리를 제시함으로써 그리스도의 구속이 하나님의 백성을 정결케 한다고 가르친다. 현재 이 세상과 사회는 깊이 병들어 있다. 이 병은 '불결'이라는 병이다. 그리고 이 병은 여러 가지 증상으로 나타나고 있다. 우리는 음란하고 외설스러운 행동을 가리켜 '우리의 생활과 사회를 피곤하게 하는 불결한 것'이라고 부른다. 하지만 성적 욕구를 채우기 위해 온갖 방법을 동원하는 현상은 인간의 가장 깊숙한 곳에 숨어 있는 근원적 불결에서 나온다.

손이 깨끗하고 마음이 정결한 사람은 하나님께서 기뻐하시는 일에 힘을 쏟는다. 단지 행동이 잘못되었다고 해서 불결한 것이 아니다. 불결은 정결과 온전함에 정반대되는 것으로서 마음과 생각과 영혼의 상태를 가리킨다.

음란한 행위는 불결이라는 질병이 겉으로 드러난 하나의 증상이다. 증오도 마찬가지이다. 교만, 자기중심주의, 원한, 무례

함, 폭음과 폭식, 게으름 그리고 탐닉도 악하고 불결한 마음과 생각에서 발생한다. 이 외에도 무수한 것이 인간 속에 깊이 뿌리박힌 이기심과 죄로부터 비롯된다.

우리의 삶과 체험에서 나타나는 이런 현상은 보혈을 통한 그리스도의 영적 사역을 통해 근본적으로 해결된다. 예수 그리스도는 자신의 백성들에게 뿌리박혀 있는 질병을 치료해주신다. 이것이 그분의 정결케 하는 영적 사역이다. 그렇기 때문에 예수님은 '위대한 의사'라고 불린다. 그분은 불결과 죄악이라는 전염병을 고쳐주시고 죄의 결과로부터 우리를 자유하게 하시며 죄의 존재로부터 우리를 정결하게 해주신다.

만일 이 모든 것이 인간의 삶에서 실현될 수 없는 것이라면, 기독교는 저질의 속임수에 불과하다. 또한 만일 이 모든 것이 신뢰할 수 없는 대안(代案)일 뿐이라면, 우리는 성경책을 덮어서 다른 고전(古典)이 있는 곳에 처박아두어야 할 것이다. 왜냐하면 성경도 여느 고전문학처럼 죽음에 대해 아무런 대책을 세워주지 못하기 때문이다.

그러나 하나님께 감사하라! 수많은 사람들이 분연히 일어나 마치 합창을 하듯이 우리와 함께 이렇게 외치고 있다.

"이 모든 것은 사실이다. 예수님은 우리를 모든 죄악으로부터 구속하기 위해 그분 자신을 주셨다. 그분은 이 정결케 하는 일을 우리의 삶 속에서 날마다 행하고 계신다!"

특이한 백성

그리스도는 정결케 하는 사역을 통해 하나님의 백성을 온전케 하신다. 그런데 디도서 2장 14절의 "친백성"(하나님의 백성)이 흠정역 성경에서는 '특이한 백성'(peculiar people)으로 번역되어 있다.

우리는 이상하고 비이성적(非理性的)인 종교적 행동을 완곡하게 표현할 때 '특이한'이라는 단어를 종종 사용한다. 어떤 사람은 다소 섬뜩한 짓을 해놓고 의식적으로 이를 드러내고 웃으며 "그렇죠. 저는 본래 좀 특이한 사람이죠"라고 말한다.

그러나 성경의 권고와 교훈에 관심이 있는 진지한 사람은 이 '특이한'이라는 영어 단어가 1611년에 하나님의 구속을 받은 백성을 가리킬 때에는 '색다른', '웃겨주는', '바보 같은' 등의 의미를 갖고 있지 않았다는 것을 쉽게 알아차릴 수 있을 것이다.

이 단어가 성경에 처음 사용된 곳은 출애굽기 19장 5절이다. 이 말씀에서 하나님은 이스라엘이 "열국 중에서 내게 특이한 보배(a peculiar treasure)가 될 것이다"(이것이 개역한글판 성경에는 "열국 중에서 내 소유가 되겠고"로 번역되어 있다 - 역자 주)라고 말씀하셨다. 하나님은 자신의 백성이 다른 모든 보배보다 뛰어난 보배가 될 것이라고 강조하기 위해 이런 표현을 사용하신 것이다. 그리고 이 단어는 "나의 특별한 보배이기 때문에 나를 위해 안전하게 보관된"이라는 어원적인 의미를 담고 있다.

자식을 둔 사람은 누구나 이 말씀이 무슨 뜻인지 아주 쉽게 이해할 수 있다. 여름날 한낮에 빨랫줄에 널린 아기들의 옷을 보면, 어느 집에 아기가 살고 있는지 알 수 있다. 그런데 당신의 집에 아기가 있다면, 그 아기는 당신에게 다른 어떤 보배보다 더 뛰어난 보배일 것이다. 당신의 아기가 다른 집 아기보다 반드시 더 예쁘기 때문이 아니라 그 애가 당신의 아기이기 때문이다. 그 애가 당신에게는 다른 모든 보배보다 뛰어난 보물이기 때문에 당신은 이 세상의 다른 어떤 아기와도 바꾸지 않을 것이다. 당신에게 그 애는 '특이한 보배'이다!

이런 설명을 들으니 우리가 어떤 존재인지를 조금은 이해할 수 있을 것이다. 우리는 하나님을 위해 그분의 특별한 보배로 선택된 존재이다!

선한 일에 열심을 내는 백성

디도서는 우리가 언제나 발견할 수 있는 하나님 자녀들의 공통된 특징이 무엇인지를 분명히 가르쳐준다. 그것은 그들이 선한 일에 열심을 낸다는 것이다(딛 2:14).

디도서를 쓴 사도 바울뿐만 아니라 성경을 통해 하나님의 계시가 전달되는 일에 중요한 역할을 담당했던 다른 모든 성경기자가 동의하는 것이 있다. 그것은 실천이 따르지 않는 그리스도인을 위해 우리 주님이 준비하시는 것은 아무것도 없다는 것이다. 주님은 상아탑 기독교, 즉 듣기 좋고 눈부신 사상(思想)만이 존재하는 추상적 신앙을 가르치지 않으셨다.

디도서 말씀의 교훈에 따르면, 예수 그리스도 안에서 하나님의 자녀가 된 사람들, 그분이 자신을 주심으로써 구속받은 사람들, 정결케 되고 하나님의 소중한 보배가 된 사람들, 그분의 특이한 백성에 속한 사람들에게서는 '선한 일에 열심을 내는' 특징이 발견된다.

하나님의 은혜로 말미암아 예수 그리스도의 제자가 된 자들은 선한 일에 열심을 내며, 날마다 '기대감 속에서' 산다. 그리스도인은 언제나 크신 하나님이시며 우리의 구주이신 예수 그리스도의 복된 소망과 영광스러운 재림을 기쁨 가운데 기대하면서 살아야 한다.

이제 나는 기독교 신학의 어떤 한 부분에 대해 언급하려고 한다. 어떤 사람은 "나는 헬라어도 모르고 히브리어도 모르기 때문에 신학을 가지고 골머리를 앓고 싶지 않습니다"라고 말한다. 그러나 내가 볼 때, 신학에 대해 아무것도 알지 못한다고 계속 주장할 정도로 겸손한 그리스도인은 없다.

신학은 하나님을 연구하는 학문이다. 우리는 신학을 연구하기 위한 최고의 교과서를 가지고 있는데, 그것은 66권의 책들이 하나로 엮여져 탄생한 성경이다. 오랜 세월의 연구와 체험에 비추어볼 때 내가 강조하고 싶은 것은 이것이다. 즉, 더욱 중요하고 본질적인 신학적 또는 교리적 문제일수록 사탄도 더욱 거세게 그것에 대항하고 그것에 대해 많은 논쟁을 조장한다는 것이다.

예를 들어 그리스도의 신성(神性)을 생각해보자. 절대적으로 중요하고 기초적인 이 진리를 문제 삼고 반박하는 사람이 점점 더 많아지고 있다. 사탄은 기독교 진리와 교훈의 작고 비본질적인 것을 공격하느라고 그의 시간을 낭비할 만큼 어리석지 않다.

어떤 설교자는 교인들을 두려워하고 교회에서 쫓겨날까봐 걱정하기 때문에 30분 설교하면서 기껏해야 "착하게 살면 마음이 편해질 것입니다"라고 말한다. 이런 설교자는 사탄의 공격을 받지 않는다.

당신이 원하는 만큼 착하게 산다 할지라도 예수 그리스도를 신뢰하지 않으면 지옥에 갈 수밖에 없다. 다시 말하지만, 사탄은 "착하게 사십시오"라는 메시지만을 전하는 설교자를 공격하느라고 시간을 낭비하지 않는다.

그러나 믿음 있는 그리스도인은 그리스도의 재림을 기대하면서 기쁘게 살아간다. 그분의 재림은 기독교 진리의 본질적 부분이기 때문에 사탄은 이 진리를 공격하고 웃음거리로 만들기 위해 최선을 다한다. 그중에서도 사탄이 성공을 거둔 전략이 있는데, 그것은 사람들로 하여금 재림을 고대하는 것이 아니라 오히려 그것을 반박하고 그것에 분노하도록 하는 것이다.

어떤 가장(家長)이 가족을 떠나 해외에서 몇 년 동안 체류했다고 가정해보자. 고국에 있는 가족에게 어느 날 갑자기 이런 전보가 날아들었다.

"여기에서 내 일이 다 끝났소. 조만간 집으로 돌아갈 것이니 기다리시오."

몇 주 후에 집에 도착해 현관문에 들어선 이 가장은 집안 분위기가 험악하다고 느꼈다. 그가 도착하기 전까지 식구들은 그가 오늘 올 것인지, 내일 올 것인지 많은 논란을 벌였다. 그가 어떤 교통편을 이용할 것인지에 대해서도 말이 많았다. 이렇게 논쟁을 거듭하다 보니 가족은 지칠 대로 지치고, 분위기도 나빠졌다. 그 결과, 아빠의 모습을 제일 먼저 보겠노라고 유리창에 코를 박고 밖을 내다보는 꼬마들조차 생기지 않았다.

이 이야기를 듣고, 당신은 "그것은 하나의 예에 불과합니다"라고 말할지 모르겠다. 그러나 현재 기독교의 다양한 교파들에서 일어나는 일들을 안다면 당신은 그렇게 말하지 못할 것이다. 그들은 서로 논쟁하며 으르렁거린다. 그들은 그리스도께서 다시 오실 것인가, 어떻게 오실 것인가에 대해 논하며 다툰다. 그들은 로마의 멸망과 적그리스도의 정체를 해석할 수 있는 단서를 성경에서 찾았다며 그것을 가지고 새로운 교리를 만들어 내는 데 정신이 팔려 있다.

사탄은 이런 다툼을 조장한다. 사탄은 그리스도인들이 재림의 세부적인 사항에 대해 서로 논쟁을 벌이느라고 정작 중요한 사실을 잊어버리도록 만든다. 많은 그리스도인은 논쟁 가운데서 혼란과 당혹감에 빠지기 때문에 그리스도께서 우리를 정결케 하시어 그분의 '특이한 백성'으로 삼으셨다는 사실을 망각한다. 그러나 그러지 말라. 대신, 그분의 영광스러운 '나타나심'을 고대하며 건전하고 의롭고 경건하게 살도록 우리를 그분의 '특이한 백성'으로 삼으셨다는 진리를 붙들어라.

그리스도의 '나타나심'을 가리켜 그리스도인들은 '현현'(顯現)이라는 용어를 사용한다. 즉, 이것은 그분이 이 세상에 나타나시는 것을 표현하기 위한 단어이다. 이것은 디모데전서와 디모데후서에서 두 가지 경우에 사용되는데, 이것에 대해 살펴보자.

먼저 사도 바울이 쓴 디모데후서의 말씀을 보자.

"그러므로 네가 우리 주의 증거와 또는 주를 위하여 갇힌 자된 나를 부끄러워 말고 오직 하나님의 능력을 좇아 복음과 함께 고난을 받으라 하나님이 우리를 구원하사 거룩하신 부르심으로 부르심은 우리의 행위대로 하심이 아니요 오직 자기 뜻과 영원한 때 전부터 그리스도 예수 안에서 우리에게 주신 은혜대로 하심이라 이제는 우리 구주 그리스도 예수의 '나타나심'으로 말미암아 나타났으니 저는 사망을 폐하시고 복음으로써 생명과 썩지 아니할 것을 드러내신지라"(딤후 1:8-10).

이 구절에서 바울은 그리스도의 첫 번째 '나타나심'에 대해 언급한다. 다시 말해서, 그분이 십자가의 죽음과 부활을 통해 죽음을 폐하기 위해 이 땅에 오신 것을 언급한다.

그리고 바울은 이 감동적이고 놀라운 송영(頌詠)에서 다음과 같이 말한다.

"만물을 살게 하신 하나님 앞과 본디오 빌라도를 향하여 선한 증거로 증거하신 그리스도 예수 앞에서 내가 너를 명하노니 우리 주 예수 그리스도 '나타나실' 때까지 점도 없고 책망 받을 것도 없이 이 명령을 지키라"(딤전 6:13,14).

또한 사도 바울은 재림에 대해 이렇게 언급한다.

"기약이 이르면 하나님이 그의 '나타나심'을 보이시리니 하나님은 복되시고 홀로 한 분이신 능하신 자이며 만왕의 왕이시며 만주의 주시요 오직 그에게만 죽지 아니함이 있고 가까이 가지 못할 빛에 거하시고 아무 사람도 보지 못하였고 또 볼 수 없는 자시니 그에게 존귀와 영원한 능력을 돌릴지어다 아멘"(딤전 6:15,16).

바울이 전하는 이러한 말씀을 읽을 때 나는 들종다리가 나뭇가지에 올라 아름답게 노래하는 모습을 상상한다. 바울은 종종 편지를 써나가다가 갑자기 목소리를 높여 예수 그리스도를 찬양하곤 하는데, 이 경우가 그런 것 중 하나이다.

여기서 사도 바울은 예수 그리스도께서 다시 오시면, '만왕의 왕이시며 만주의 주이신 분'을 한 점 의혹 없이 온전히 드러내실 것이라고 가르친다.

위로의 말씀

사도 바울은 그리스도의 재림 이전에 죽을까봐 두려워하는 초대교회 신자들을 위로했다. 데살로니가 교인들은 두 가지를 두려워했다. 하나는 주께서 이미 오셨지만 그들을 찾아오지 않고 지나치셨을지도 모른다는 두려움이었고, 다른 하나는 주님이 오시기 전에 그들이 죽어서 재림의 기쁨에 동참하지 못할지도 모른다는 두려움이었다. 초대교회 신자들에게는 그리스도의 재림에 대한 올바른 가르침이 절실했다. 이에 바울은 데살로니가전서와 데살로니가후서를 썼다.

바울은 그들에게 "우리가 예수의 죽었다가 다시 사심을 믿을진대 이와 같이 예수 안에서 자는 자들도 하나님이 저와 함께 데리고 오시리라"(살전 4:14)라고 말했다. 다시 말해서, 그들이 그리스도의 재림 전에 죽어서 주님과 함께 있게 되면 하나님께서 재림 때에 그들을 그리스도와 함께 데리고 오실 것이라는 뜻이다. 그는 계속해서 이렇게 말한다.

"우리가 주의 말씀으로 너희에게 이것을 말하노니 주 강림하실 때까지 우리 살아 남아 있는 자도 자는 자보다 결단코 앞서지 못하리라 주께서 호령과 천사장의 소리와 하나님의 나팔로 친히 하늘로 좇아 강림하시리니 그리스도 안에서 죽은 자들이 먼저 일어나고 그후에 우리 살아 남은 자도 저희와 함께 구름 속으로 끌어 올려 공중에서 주를 영접하게 하시리니 그리하여 우리가 항상 주와 함께 있으리라 그러므로 이 여러 말로 서로 위로하라"(살전 4:15-18).

바울은 성령의 감동에 따라 진리를 전했다. 그의 교훈에 따르면, 그리스도의 재림 전에 죽은 사람들이 결코 불이익을 당하지 않을 것이다. 오히려 그들은 유리한 입장에 서게 될 것인데, 주께서 이 땅에서 그분을 기다리는 성도들을 영화롭게 하시기 전에 이 땅에서 살다가 죽은 성도의 무리를 영화로운 몸으로 먼저 부활시키실 것이기 때문이다.

사도 바울이 데살로니가 교인들에게 전한 이 진리는 우리에게도 너무나 명백한 진리이다.

어찌하여 침묵하는가?

오늘날 대부분의 목회자들이 예수님의 재림이 임박했다는 이 영광스러운 진리에 대해 완전히 침묵하고 있다. 이러한 현상은 너무나 이상한 일이다. 인류가 갑작스럽게 지구상에서 사라질 수도 있는 위험이 역사상 그 어느 때보다도 커진 지금, 교회가 이 진리에 대해 침묵하는 것은 참으로 모순된다.

핵무기 강대국인 러시아와 미국은 '과잉살육'(overkill)의 능력을 계속 키워나가고 있다. '과잉살육'이라는 말은 영어의 역사에서 전에는 결코 사용된 적이 없는 끔찍한 복합어이다. 현재 미국과 러시아에 쌓아놓은 핵폭탄의 가공할 만한 파괴력을 표현하기 위해 과학자들이 만들어낸 말이 바로 이 단어이다. 이 말은 우리 시대가 만들어낸 끔찍하기 짝이 없는 저주스러운 단어이다!

미국과 러시아의 발표에 따르면, 현재 만들어놓은 핵무기로 전 세계의 성인(成人)과 아이를 모조리 죽일 수 있는데, 그것도 한 번이 아니라 20번 이상 죽일 수 있다고 한다. 이것이 '과잉살육'이다!

'과잉살육'의 불길한 그림자가 마치 검은 구름처럼 우리를 덮고 있는 바로 이때, 성도들이 '대환난 전 휴거냐, 대환난 후 휴거냐?' 또는 '전천년설이냐, 후천년설이냐, 무천년설이냐?'를 놓고 피 튀기는 논쟁을 벌이는 것은 옛 원수 사탄의 전략에 말려드는 것이다.

이런 위기의 시대에 하나님의 백성은 깨어서 주님의 재림의 약속과 소망을 확실히 붙들어야 한다. 그러면 그들은 매일 아침 일어나 마치 성탄절 아침을 맞은 어린아이처럼 "오늘이 바로 그날이다!"라고 외치며, 그날을 주님이 오시는 날처럼 살게 될 것이다!

그런데 현재 우리 주변에서 볼 수 있는 교회의 모습은 어떠한가? 그리스도의 재림을 둘러싼 갑론을박(甲論乙駁)과 휴거의 세부사항에 대한 논쟁이 난무하는 가운데 일부에서는 논쟁으로 인하여 감정의 대립까지 생긴 상황이다. 그렇지 않으면 그리스도의 재림에 아예 관심조차 갖지 않는 교파도 있다.

요한계시록을 본문으로 삼아 설교하는 목회자들은 극소수이다. 대부분의 복음주의 및 근본주의 교파도 예외는 아니다! 이러한 현상은 교회가 이 시대의 냉소주의와 세련된 지성주의(知性主義)를 보고 겁을 먹었기 때문에 일어난다.

누가 보아도 분명 이상하고 모순된 것이 이 사회에서 그리고 신앙을 고백하는 그리스도인에게서 너무 많이 발견되기 때문에 누군가 이 문제를 가지고 책을 한 권 써도 될 지경이다. 이런 것 중 하나는 서로를 더 많이 사랑하기 위해서는 서로를 더 많이 알아야 한다는 주장이다.

그렇다면 우리의 주변을 보자. 현재 수백만의 사람들이 서로 왕래하며 만나고 서로에 대해 알게 된다. 그러므로 만일 "서로를 더 많이 사랑하기 위해서는 서로를 더 많이 알아야 한다"라는 주장이 옳다면, 현재 사람들은 마치 복 받은 거대한 가족처럼 서로를 사랑하고 있을 것이다. 그러나 현실은 그렇지 않다. 우리는 사탄처럼 서로를 미워한다. 전 세계 사람들은 깜짝 놀랄 만큼 전례 없이 서로를 미워한다.

누가 보아도 모순되었다고 느낄 만한 것이 또 있다. 교육자와 사회학자들은 학교에서 성교육(性敎育)을 실시하도록 허용하면 골치 아픈 성 문제가 사회에서 사라질 것이라고 주장했다. 그러나 과거의 스물다섯 세대의 성교육을 합한 것보다 더 많이 성교육을 하고 성적(性的) 지침을 내놓은 지난 세대가 역사상 가장 성적으로 문란했다는 것은 정말 모순이다.

원자폭탄에 의한 '과잉살육'의 위험이 그 어느 때보다도 높아진 이 세대에 예수님의 재림에 대해 이야기하기를 두려워하고, 구원과 영화에 대한 아버지의 은혜로운 약속에 대해 논의

하기를 싫어하는 것은 참으로 이해할 수 없는 일이다.

우리는 거의 정신병자와 같은 수준이다! 우리는 정말 이상한 세대이다! 당신은 내가 이런 표현까지 쓸 것이라고 예상하지 못했는지 몰라도 나는 정말 이렇게 말하지 않을 수 없다! 사탄과 육신에 의해 영적으로 엉망이 된 우리는 주님의 재림을 참을성 있게 기다리지 못한다.

우리는 두 가지 큰 사건 사이에서 살고 있다. 하나는 그리스도의 성육신과 죽음과 부활의 사건이며, 다른 하나는 그분이 다시 와서 구원받은 자들을 영화롭게 하실 사건이다. 우리는 이 두 사건 사이에 끼어 있지만, 진공 상태의 시기에 살고 있지는 않다. 주님은 이 기간 동안 우리 각자에게 해야 할 일을 맡기시고 충성을 요구하신다.

주님이 다시 오실 때까지 우리는 선한 일에 열심을 내고, 의롭고 경건한 삶을 살며, 하나님과 그분의 약속을 의지해야 한다. 우리는 하나님의 구원 계획의 두 거봉(巨峰) 사이의 시기를 살아가고 있다. 이때 우리는 과거를 돌아보고 하나님의 말씀을 기억해야 하며 또한 앞을 내다보고 소망을 가져야 한다. 하나님의 사랑에 속한 우리는 공동체 안에서 떡을 떼고 포도주를 마신다. 과거를 기억하고 미래를 내다보면서 우리는 하나님을 찬양하고 예수 그리스도의 이름으로 기도한다.

이것은 이 세상의 그 무엇보다 나를 더 감동시킨다. 이것은 너무나 복된 특권이기 때문에 친구와의 우정이나 아름다운 그림 또는 일몰(日沒) 같은 아름다운 자연 현상보다 더욱 아름답게 느껴지고 깊은 만족을 준다. 그리스도의 은혜와 사랑을 회상하자! 그리스도의 다시 오심과 영광을 고대하자! 그리고 그분이 오실 때까지 열심히 일하고 소망 가운데 기뻐하자!

chapter 11

당신은
천국에 갈 수 있다고 확신하는가?

당신은 지금 천성을 향해 달려가고 있는가? 당신은 어린양의 피와 증거의 말씀으로써 죄의 속박을 깨고 그것에서 벗어났는가? 아니면 여전히 죄의 사슬에 묶여 저주 아래 있는 채로 멸망을 향해 달려가고 있는가?

하나님께로부터 하늘에서 내려오는 거룩한 성 예루살렘을 보이니 하나님의 영광이 있으매 그 성의 빛이 지극히 귀한 보석 같고 벽옥과 수정같이 맑더라 계 21:10,11

천국은 게으름뱅이의 피난처가 아니다

당신도 다른 사람들처럼 내세에는 어떤 도전적인 일이 없을 것이라는 잘못된 생각을 가지고 있는가? 어떤 사람들은 하나님의 도성, 즉 새 예루살렘에 대한 성경구절을 읽고 "천국이란 곳이 게으른 자들의 피난처인 것 같다. 그곳은 지루함에 시달리는 열의 없는 사람들의 방대한 집합소인 것 같다"라고 생각한다. 당신도 그런 사람 중 하나인가?

나는 당신에게 인간이 하나님의 형상으로 창조되었다는 성경의 교리를 상기시키고 싶다. 하나님 자신을 제외한다면, 그분께 가장 가까운 존재는 바로 인간의 영혼이다. 단언하건대 저 큰 날에 당신에게는 할 일이 분명히 있을 것이다. 왜냐하면 하나님 자신이 '일하시는 분'이기 때문이다. 창조자 하나님은 창조적인 분이시다. 그분은 모든 일을 창조적으로 행하신다.

하나님께서 우주 만물을 만들고 나서 마침표를 찍으신 다음 "다 이루었다!"라고 말씀하셨는가? 결코 그렇지 않다. 그분은 언제나 창조하고 계신다. 하나님은 우리를 자신의 형상대로 지으셨다. 그분은 한계가 없는, '일하시는 분'이시며 우리는 한계가 있는, 작은 '일하는 자들'이다. 우리는 우리의 한계까지만 일을 한다(물론 우리는 우리의 한계가 어디인지 아직 알지 못한다). 그런데 우리는 창조적 능력을 다방면에서 펼칠 수 있는 존재임을 잊어서는 안 된다.

인간의 다면성

인간이 가진 최고의 영광 중 하나는 그의 다면성이다. 인간은 다양한 관심과 목적과 계획을 가지고 다양하게 활동한다. 인간은 오직 한 가지만 하도록 운명의 굴레를 쓴 존재가 아니다. 바위는 바위가 되도록 만들어졌다. 하늘이 뜨거운 열에 녹아버리고 땅이 사라질 때까지 바위는 바위로서 존재한다. 별은 빛을 발하도록 만들어졌으며, 앞으로도 언제까지나 별로서 존재할 뿐이다. 과거에 마지막 지질학적 융기가 일어난 이래로 산은 지금까지 같은 자리에 우뚝 솟아 있다. 그토록 장구한 세월 동안 산은 사람들에게 위압감을 주었지만, 다른 것으로 변한 적은 단 한 번도 없다.

그러나 인간은 다르다. 인간은 원인도 될 수 있고, 결과도 될 수 있다. 인간은 행동하는 사람이 될 수도 있고, 생각하는 사람이 될 수도 있다. 그는 시인이 될 수도, 철학자가 될 수도 있다. 또는 천사처럼 하나님과 동행할 수도, 짐승처럼 땅 위를 걸을 수도 있다. 인간은 유일하신 하나님의 영광의 빛을 받아서 다시 반사하는 다면적(多面的) 다이아몬드와 같다.

이런 다양한 본성 때문에 인간은 고독을 즐길 수도 있고, 다른 사람과 어울릴 수도 있다. 정상적인 인간이라면, 이 두 가지 면을 모두 필요로 하고 또한 그것을 즐길 것이다.

예수님은 "네 골방에 들어가 문을 닫고"(마 6:6)라고 말씀하셨다. 이것은 고독(홀로 있음)이다. 반면 히브리서 기자는 "모이기를 폐하는 어떤 사람들의 습관과 같이 하지 말고"(히 10:25)라고 말한다. 이것은 교제이다. 이 두 말씀은 그리스도인에게 주어졌다. 그러므로 하나님의 자녀는 누구나 고독과 더불어 교제를 제대로 이해하고 즐기고 그것들의 가치를 알아야 한다.

사람은 누구나 혼자 있는 시간을 가져야 한다. 그는 자기 자신과 친해지는 시간을 가져야 하며 또한 그것을 좋아해야 한다. 이로써 사람은 자신을 둘러싼 우주로 조용히 눈길을 돌릴 수 있다. 유순한 새가 온 하늘을 날며 경이로운 우주를 탐험하듯이 그는 자신의 생각을 온 우주로 발산시켜 우주를 탐험할 수 있는 복되고 조용한 시간을 가져야 한다. 그는 골방으로 들어가 고독 속에서 하나님과 그리고 자기 자신과 친해져야 한다.

그러나 이것이 전부는 아니다. 무릇 작용(作用)이 있으면 반작용(反作用)이 있는 법이다. 달이 찬 후에는 이지러지고 바닷물이 들어온 후에는 다시 빠져나가듯이 인간도 홀로 있은 다음에는 다른 사람과 어울려야 한다.

홀로 있으면서 자신의 마음을 살피고 하나님의 영을 통해 그분과 교제한 후에는 다시 다른 사람을 만나야 한다. 하나님께서는 우리가 그렇게 살도록 정하셨다. 우리가 함께 어울리며 교제하며 사는 것이 그분의 정하신 바이다. 하나님은 우리 각 사람이 서로에게 도움이 되도록 지으셨다.

서로를 이해하고 서로의 가치를 인정하면서 살라! 이것이 하나님의 뜻이다.

우리의 교향악에서 슬픈 단조가 제거되는 날

이 시점에서 다음과 같은 질문을 던져볼 필요가 있다.

"인간이 어울려 살 때 왜 그토록 많은 문제가 발생하는가?"

인류에 대한 이야기를 5분만 해보라! 그러면 우리의 입에서는 '죄'라는 추악한 단어가 "쉿!" 하는 소리와 함께 튀어나오지 않을 수 없다. 모든 것을 망친 것은 인류 속에 언제나 존재해온 '죄'라는 질병이다. 죄는 우리를 탐욕스러운 존재로 만든다. 그리고 서로를 미워하고 시기하고 질투하도록 한다. 또한 권력에 눈이 멀도록 한다.

우리 사회가 그럭저럭 평안을 유지하고 있다 할지라도 그것은 장차 죄에 의해 파괴되고 말 것이다. 이때 하나님과 그분의 은혜를 모르는 사람은 참된 평안이라는 복을 얻지 못한다.

그러나 인류의 최종적 상태, 즉 마음과 존재의 온갖 질병이 전부 제거된 완전한 상태에서 우리는 서로 함께 모이는 것을 온전히 즐길 수 있을 것이다. 바로 이것이 '하나님께로부터 하늘에서 내려오는 거룩한 성 새 예루살렘'이다.

이렇게 복된 사회가 도래하면, 우리는 서로의 가치를 알아주고 그리스도 안에 있다는 이유로 인정받을 것이다. 현재 우리가 사는 이 세상에서는 목소리를 높여 적극적으로 나서는 사람들이 주목과 인정을 받고 있다. 한편 어떤 사람들은 다른 사람의 삶을 윤택하게 해줄 수 있는 큰 기회를 얻지 못하는데, 그 까닭은 그들이 전면(前面)에 나서지 않고 자기를 숨기며 조용하기 때문이다. 그리고 어떤 이들은 매력이 없다는 이유로 그들의 능력을 충분히 발휘하지 못한다. 또 어떤 사람들은 왠지 사람을 끌어당기지 못한다.

분별력이 없고 지혜롭지 못하기 때문에 우리는 모두에게 풍성한 유익을 줄 수 있는 사람들의 가치를 깨닫지 못하며 살아간다. 우리는 우리 자신이 이렇게 어리석다는 사실을 언제쯤 깨달을까?

그러나 하나님의 도성(都城)이 내려오는 완성의 때가 도래하면, 우리는 서로의 가치를 충분히 알 수 있다. 그때에는 우리 영혼이 하나님의 빛을 받아 그것을 아름답게 반사할 것이다. 마치 다이아몬드가 태양의 빛을 받아 반사하듯이 말이다. 죽이고 부식시키는 죄의 영향력이 사라지면, 우리는 서로를 온전히 알 수 있다. 왜냐하면 우리는 서로에게서 하나님의 영광스러운 본질을 발견하게 되기 때문이다. 하나님은 무한한 분이시다. 그렇기 때문에 우리는 전능자 안에서 서로를 속속들이 알아, '저 사람한테 싫증이 나. 이제는 질렸어'라고 생각하지 않게 된다.

하나님의 말씀에 근거하여 확신하건대, 육체적 한계를 떨쳐버리고 인격의 부정적 특징들이 사라지며 우리의 교향악에서 슬픈 단조(短調)가 제거되는 날이 오면, 우리는 서로에 대해 하나님께 감사할 것이다. 우리가 하나님의 빛을 통과시키는 프리즘이나 렌즈에 불과하다는 것을 깨달을 때 우리는 서로를 통해 그분을 더 잘 볼 수 있다. 하나님은 여러 방법을 통해 우주 도처에 그분의 빛을 비추시지만, 특히 그분이 창조하고 구속하신 사람들의 삶을 통해 가장 잘 비추신다.

렌즈를 깨뜨려 형상을 왜곡시킨 것은 오직 죄이다. 죄가 우리의 시야를 흐리게 하고 우리의 그림을 망쳤기 때문에 우리는 서로를 보면서도 서로의 풍성한 가능성을 알아보지 못한다.

우리는 어떤 존재가 될 것인가?

주님은 우리가 현재 어떤 상태인지를 보시는 것으로 그치지 않으신다. 그분은 성실하시기 때문에 우리가 미래에 어떻게 변화될지도 내다보신다! 주님은 이미 우리의 저주를 푸셨을 뿐만 아니라 복되고 영광스러운 가능성을 선물해주셨다. "인간은 현재에서 더 이상 나아질 수 없다"라고 비웃는 이들도 있겠지만, 예수님은 "인간의 지금 모습이 그의 전부는 아니다. 그는 앞으로 새로운 존재가 될 수 있다"라고 말씀하신다.

주 예수 그리스도는 우리에게 변할 수 있다는 가능성을 선물하셨다. 이것을 사도 요한은 이렇게 표현했다.

"우리가 지금은 하나님의 자녀라 장래에 어떻게 될 것은 아직 나타나지 아니하였으나 그가 나타내심이 되면 우리가 그와 같을 줄을 아는 것은 그의 계신 그대로 볼 것을 인함이니"(요일 3:2).

그리스도인의 생활은 아름답게 변하고 성장한다. 그리고 그리스도인의 인격은 예수님의 인격을 닮아간다.

거룩한 성이 내려오는 그날, 질투의 그림자는 완전히 사라질 것이다. 그날에는 누구도 다른 사람을 함정에 빠뜨리거나 노예로 삼지 않을 것이다. 어떤 사람도 타인의 영역을 침범하거나 그를 탐욕의 희생물로 만들기 위해 무력을 사용하는 사람이 없을 것이다. 또한 우리는 서로를 의심하지 않을 것이다. 사람들이 체포되는 일도 없을 것이고, 원한에 찬 고소를 접수하는 법정도 존재하지 않을 것이다. 폭력과 살인도 일어나지 않을 것이고, 모두가 화기애애한 속에서 하나가 되어 살아갈 것이다. 빈민가나 강제거주지역이나 '접근금지'라고 써 붙인 부자들의 대저택도 없을 것이다.

머리 좋다는 많은 사람은 이런 말을 들을 때 "그런 꿈같은 얘기는 하지 마십시오"라고 말했다. 그러나 성경을 보자.

"내가 들으니 보좌에서 큰 음성이 나서 가로되 보라 하나님의 장막이 사람들과 함께 있으매 하나님이 저희와 함께 거하시리니 저희는 하나님의 백성이 되고 하나님은 친히 저희와 함께 계셔서 모든 눈물을 그 눈에서 씻기시매 다시 사망이 없고 애통하는 것이나 곡하는 것이나 아픈 것이 다시 있지 아니하리니 처음 것들이 다 지나갔음이라"(계 21:3,4).

인류에게 관심을 가지고 인류를 사랑하는 사람은 누구나 이런 예언의 말씀에 조용히 그러나 뜨겁게 "아멘!" 이라고 화답할 것이다. 이 말씀은 눈물과 슬픔과 고통 그리고 죽음 같은 처음 것들이 다 지나가고 하나님께서 사람들과 함께 거하시는 아름다운 세계를 약속하기 때문이다.

유토피아

인류 역사의 모든 시대마다 완전한 인간 사회를 꿈꾸고 갈망한 사람들이 있었다. 우리는 그런 사람들의 노력을 높이 평가한다. 그들은 이 세상을 더 좋은 곳으로 만들려고 애썼다. 그러나 그들은 꿈을 포기할 수밖에 없었다. 오만, 편견, 이기심, 냉소주의 앞에서 그들의 꿈과 유토피아적 사상은 여지없이 무너졌다.

꿈과 희망에서 출발하여 사회의 거듭남(regeneration)을 통해 인간의 문제를 해결하려는 시도가 여러 번 있었다. 하지만 인간은 누구나 결점을 가지고 있고 실패하기 때문에 이제껏 어떤 사람도 세상을 완전하게 만들지 못했다. 주님의 날에 성령께 사로잡혔던 사람, 요한이 사회의 거듭남에 대해 말하는 것이 아님을 주목하라. 분명히 요한은 이 완전한 세계가 하나님께로부터 하늘에서 내려올 것이라고 이야기한다. 사회가 점진적으로 거듭난다 할지라도 인간은 절망의 구렁텅이에서 빠져나올 수 없다. 인간은 개인의 거듭남(重生)이라는 기적적인 과정을 통해서만 절망에서 벗어날 수 있다.

엄밀히 말해서 '사회'라는 것은 없다. 사람들은 손을 뻗어 잡다한 관념(觀念)을 긁어모아 '사회'라는 단어 속에 그것을 집어넣었다. 내가 사회이고 당신이 사회이고 이웃사람이 사회이다. 신문팔이 소년, 우유 배달부, 시장(市長), 사장 그리고 허드렛일을 하는 심부름꾼이 사회이다. 사실, 사회는 개인이다. 그러므로 개인들을 모아서 사회라고 부르는 사람들은 잘못된 개념을 만들어가는 셈이다. 대부분의 사람은 사회가 유기체라고 생각하는 경향을 가지고 있지만, 사회는 유기체가 아니다. 사회는 무수히 많은 개별적 유기체에게 붙여져야 할 이름이다.

이런 이유 때문에 예수 그리스도는 이 땅에 오셨을 때 사회의 거듭남을 통해 인간의 문제를 해결하려는 모든 시도를 비판하셨다. 그분은 어떤 사람에게 "내가 네게 거듭나야 하겠다 하는 말을 기이히 여기지 말라"(요 3:7)라고 말씀하셨다. 그리고 "두 세 사람이 내 이름으로 모인 곳에는 나도 그들 중에 있느니라"(마 18:20)라고 말씀하셨다. 또한 주님은 개인의 가치에 대해

"한 영혼이 온 세상보다 귀하다"라고 말씀하셨다. 신약을 연구해보라. 그러면 예수님이 개인의 가치를 늘 강조하셨다는 것을 알게 될 것이다.

예수님은 최종적으로는 복된 자들의 사회, 성도들의 집합체, 하나님 자녀들의 행복한 모임이 있을 것이라고 분명히 가르치셨다. 완전하게 된 의인(義人)들이 모여 사는 새 예루살렘이 도래할 것이다. 예수님은 거듭난 개인들이 모여서 거룩한 사회를 이루는 아버지의 집에 많은 처소가 있을 것이라고 약속하셨다.

죄의 세상에 갇힌 사람들

하나님께서 예비하신 영적 변화에 대해 언급하지 않고, 천국과 거룩함과 복됨에 대해 이야기하는 것은 옳지 않다. 오늘날 세계 곳곳에는 아직도 개인이 완전히 잊혀질 정도로 국가주의를 강조하는 세력이 엄존하고 있다. 그러나 참된 거듭남은 오직 개인의 거듭남뿐이다. 기독교의 많은 교파는 사회 자체를 개혁하고 회복하는 것이 완전한 사회를 만드는 효과적인 방법이 될 수도 있다는 희망을 안고 정치 지도자나 사회 개혁 세력과 연대한다. 그러나 우리는 사회를 이루고 있는 각 개인의 본성을 회복함으로써 문제를 진정으로 해결할 수 있다.

성경은 무엇이라고 말하는가? 성경의 교훈에 따르면, 이 땅에서 생존하는 짧은 기간에 어느 곳에서든지 어떤 모양으로든지 신비로운 영적 거듭남을 체험하지 못한 사람은 결코 천국 시민의 일원이 될 수 없다. 반면에 영적 거듭남을 체험한 사람은 그리스도 안에서 새 사람으로 변한다. 그런 사람에 대해 사도 바울은 이렇게 말한다.

"누구든지 그리스도 안에 있으면 새로운 피조물이라 이전 것은 지나갔으니 보라 새 것이 되었도다"(고후 5:17).

성령님이 회심한 사람들과 새 예루살렘에 대해 똑같은 말씀을 하시는 이유는 무엇인가? 그것은 새 예루살렘이 회심한 사람들의 도성이기 때문이다. 고린도후서 5장 17절 말씀과 같이 그리스도 안에서 새롭게 된 사람들이 새 예루살렘을 가득 메울 것이다. 새 예루살렘에서 그들은 "하나님이 모든 것을 새롭게 하셨다. 이전 것은 지나갔다!"라고 외칠 것이다.

그 거룩하고 영원한 도성에 있을 사람들을 위해 하나님께서는 은혜로운 계획을 세워두셨다. 새 사람들은 새 예루살렘의 도성에서 이전에는 한 번도 느껴보지 못한 완벽한 만족감을 얻을 것이다.

많은 사람은 자기들이 너무나 작고 보잘것없는 존재라고 생각하며 고민에 빠진다. 그러나 이런 고민을 할 필요가 전혀 없다. 사실 우리는 하나님의 형상으로 창조되었기 때문에 너무나 크고 복잡한 구조를 가진 존재이다. 우리는 엄청나게 크기 때문에 이 세상이 제공하는 것으로는 만족할 수 없다.

어거스틴은 이것을 고전적 형태로 표현했다. 그는 다음과 같이 고백했다.

"오, 하나님! 당신은 당신 자신을 위해 우리를 만드셨습니다. 우리는 당신 안에서 안식을 얻기 전까지 결코 만족할 수 없습니다."

어거스틴의 이 고백은 역사 속에 반향(反響)을 불러일으켰고, 여러 찬송가의 가사로도 사용되었다. 그 이유는 이 말이 진리이기 때문이다! 인간이 왜 지루함을 느끼는가? 그것은 인간이 죄가 줄 수 있는 것으로 만족하기에는 너무 큰 존재이기 때문이다. 하나님은 인간을 크게 만드셨다. 인간의 잠재적 가능성은 이루 말할 수 없이 무한하다. 사람들이 자살하는 이유도 그들이 너무 작고 보잘것없기 때문이 아니라 이 작은 세상에 비해서 그들이 너무 크기 때문이다.

하나님은 무한한 천국의 모든 것을 즐길 수 있도록 인간을 만드셨다. 그러나 죄로 인해 인간은 이 세상의 작은 것에 만족할 수밖에 없는 삶을 살아왔다. 예를 들면, 세금을 내고 잔디를 깎고 승용차를 수리하고 아이들이 위험한 길로 빠지는 것을 막고 빚을 갚는 삶을 살아왔다. 이렇게 살면서 우리는 하루하루 늙어간다. 사실 우리는 이런 삶이 지겹다! 정말로 역겹다! 우리의 몸은 날로 쇠약해져간다. 육신이라는 우리의 장막은 우리의 영이 거하기에 너무 협소하다.

그래서 인간은 항상 어딘가에 있는 새로운 곳을 탐험하려고 애쓴다. 달에 가는 것도, 소리보다 빠른 속도로 여행하기를 원하는 것도 이런 이유 때문이다. 찰스 린드버그(Charles Lindbergh, 1902~1974. 1927년 최초로 대서양 무착륙 횡단에 성공한 미국인 비행사)가 구식 헬리콥터를 타고 혼자 바다를 건너 파리까지 날아간 적이 있다. 어찌 보면 이것도 부분적으로는 이런 이유 때문이다. 리처드 에벌린 버드(Richard Evelyn Byrd, 1888~1957. 미국의 해군 제독으로서 극지 탐험가) 제독이 남극으로 내려가고, 로알 아문센(Roald Amundsen, 1872~1928. 노르웨이의 탐험가)이 북극을 탐험한 것도 이런 이유 때문이다. 이런 이유 때문에 사람들은 원자탄을 만들어내고, 우주의 신비를 풀려고 노력하며, 불가능한 일에 도전하는 것이다. 요컨대, 인간은 죄가 그에게 준 이 작은 세상에 살기에는 너무 큰 존재이다.

그러나 하나님께서 위로부터 약속하신 사회, 즉 하나님의 저 큰 도성은 인간 본성의 모든 부분을 완전히 만족시킨다. 그곳에서는 해가 지거나 구름이 끼지도 않은 긴 황금의 나날을 보낼 것이다. 그곳의 광활한 지역을 여행할지라도 당신은 얼굴에 주름이 있거나 머리가 흰 사람을 찾아보지 못할 것이다. 어느 누구도 "솔직히 말해서 나는 만족을 모릅니다"라고 말하지 않을 것이다. 어떤 사람도 목소리를 높여 비판의 말을 쏟아내지 않을 것이다. 당신은 그곳에서 언짢은 표정의 사람이나 불친절한 사람을 만나지 못할 것이다. 화가 나서 씩씩거리는 소리나 고통과 두려움에 찬 비명소리도 듣지 못할 것이다. 그 누구의 얼굴에서도 눈물이 흐르지 않을 것이다.

이 이야기를 듣고 다음과 같이 묻는 사람도 있을 것이다.

"토저 목사님, 잠깐만요! 이런 얘기는 옛날에나 통했던 천국 이야기가 아닙니까? 우리가 천상의 산에서 불어 내려오는 미풍(微風)을 타고 날개를 살살 흔들어대는 귀여운 나비처럼 된다는 말입니까? 천국에는 도전이란 것이 없습니까? 뭔가 해야 할 일은 없는 것입니까? 구속받은 자들도 뭔가 해야 할 일이 있어야 하지 않습니까?"

좋다! 이쯤에서 이 이야기를 정리하는 게 좋겠다. 우선 내가 말할 수 있는 것은, 하나님께서 선하고 복되고 유용한 모든 것을 준비하시고 오직 '좋지 않은 것'을 전부 제거하신 곳이 바로 천국이라는 사실이다.

God & gods

서로 마주하고 앉아 손이나 잡고 있으라고 하나님께서는 아담과 하와를 에덴동산에 두신 것이 아니다. 그분은 그들에게 에덴동산을 돌보라고 말씀하셨다. 다시 말해서, 하나님은 그들에게 할 일을 주신 것이다. 어떤 사람들은 일(노동)이 저주의 결과라고 믿는데, 그것은 사실이 아니다. 또 어떤 이들은 일이 바보들이나 하는 짓이라고 생각하는데, 사실 하나님께서는 우리로 하여금 일을 하도록 우리를 창조하셨다.

많은 인류학자들은 이렇게 말한다.

"하나님께서는 온갖 종류의 도구와 기계를 잡고 사용할 수 있는 네 손가락과 그 맞은편에 엄지손가락을 인간에게 주셨다. 이것은 인간이 세상을 정복하도록 허락하셨다는 것을 의미한다."

하나님은 당신과 나를 바로 이런 존재로 만드셨다! 그러니 한가한 시간이 생길 때마다 당신의 손을 유심히 쳐다보라. 당신의 손이 새삼 너무나 놀랍다고 느낄 것이다!

당신의 집안 구석구석에 박혀 있는 온갖 기계와 도구와 연장을 다 꺼내서 그것들의 기능을 꼼꼼히 살펴보라. 그것 중에 당신의 양손만큼 섬세하고 다양하고 능숙하게 일을 처리할 수 있는 물건이 있는가? 결코 없다! 새 예루살렘에 있는 샹들리에나 붙잡고 매달리라고 아버지께서 당신에게 그 손을 주신 것이 아니다. 천국에 와서도 일을 하라고 주신 것이다!

천국에서도 일을 한다고 하니까 화들짝 놀라는 사람들이 있다. 그러나 놀라지 말고 안심하라! 천국에서의 일은 지루하고 힘든 일이 아니라 피곤을 모르는 일이다. 그 일은 기쁘고 크게 즐거운 일이다. 지칠 줄 모르고 할 수 있는 일이다. 그분이 구체적으로 어떤 일을 시키실는지 아직은 알 수 없지만, 아마도 우리가 할 수 있는 일을 시키실 것이다.

우리가 부르는 어떤 찬송가에는 "우리 주님은 일하는 분이셨다"라는 노랫말이 있다. 그분은 언제나 일꾼을 찾으신다. 그러므로 우리는 천국에서도 일을 하게 될 것이다. 천국에서 할 일이 없어 심심하면 어쩌나 하고 걱정하지 말라.

천국은 해야 할 일이 있는 곳이면서, 또한 안식의 장소이다. 이 말을 듣고 당신은 "천국에서 할 일이 있다는 말과 그곳에서 안식을 누린다는 말이 서로 모순이 아니냐?"라고 물을지 모르겠다. 하지만 이 두 말은 모순되지 않는다. 왜냐하면 천국에서의 일은 전혀 피곤하지 않기 때문이다. 예수께서도 지금 일하고 계시지만 전혀 피곤함을 느끼지 않으신다. 그분은 일을 하시는 동안 항상 안식을 취하신다. 하나님의 성도들도 그렇게 될 것이다.

키플링(Rudyard Kipling, 1865~1936. 영국의 시인이며 소설가로 《정글북》의 작가로 유명하다)의 말을 들어보자.

이 땅의 마지막 그림이 완성되었을 때

그림물감이 든 튜브가 비틀어지고 말라버렸을 때

지극히 밝았던 원래의 색(色)이 제 빛깔을 잃어버렸을 때

그리고 가장 젊은 비평가마저 죽었을 때

그때 우리는 휴식할 것이고,

쉼이 필요한 자들이 한두 영겁(永劫) 동안 누워 있을 것이다.

그리고 그후 주께서 선한 일꾼들에게 새로운 일을 맡기실 것이다.

키플링은 계속 말한다.

"우리는 금으로 만든 의자에 앉아 천사의 머리털로 만들어진 붓을 가지고 가로와 세로가 각각 수십 킬로미터에 달하는 넓은 캔버스에 그림을 그릴 것이다."

천사들이 머리털이 있는지 없는지 모르겠지만, 키플링은 그렇다고 생각했다. 아무튼 그는 황금 의자에 앉아 작은 캔버스가 아닌 가로와 세로가 각각 수십 킬로미터에 달하는 넓은 캔버스에 그림을 그리는 것을 아주 즐거운 일로 여겼다.

천국이 게으름뱅이들의 피난처가 아니라는 그의 해석은 정말 옳다. 하나님의 형상으로 만들어진 인간들이 죄와 긴장과 심리적 억제와 외부적 금지로부터 해방되어 젊은 신(神)들처럼 일하는 곳이 바로 천국이다. 사실 그들은 젊은 신들(gods)이다.

왜냐하면 그분이 "너희는 작은 신들(gods)이다"라고 말씀하셨기 때문이다. 물론 이 말씀은 '너희가 하나님(God)이다'라는 뜻이 아니라, '내가 하는 일처럼 창조적인 일을 하기 위해 태어난 나의 작은 형상들이다'라는 뜻이다.

그러므로 상상력이 풍부하고 활동적이며 부지런한 사람들은 하나님처럼 그들의 창조력을 표현할 수 있도록 새 예루살렘에서 새로운 기회를 제공받을 것이다.

심각한 마지막 질문

아! 그 아름다운 곳! 그곳의 아름다움을 어찌 다 표현할 수 있을까? 그것은 화장한 여자의 얼굴에서 느낄 수 있는 아름다움이 아니다. 머리를 써서 이것저것 짜 맞추고 다듬어서 만들어 낸 형식적인 아름다움이 아니다. 햇빛을 받아 미소 짓는 앵초(櫻草)의 아름다움이 아니다. 그것은 하나님 안에 있는 영원의 풍부하고 강렬한 아름다움이다.

아! 진정한 아름다움으로 충만한 황금성(黃金城)이여!

태초에 하나님은 자신과 함께 살 수 있도록 인간을 지으셨다. 그러나 죄가 들어왔고, 남편이 부정한 아내를 쫓아내듯이 그분은 인간을 자신의 존전에서 쫓아내셨다. 그러나 구속(救贖)의 기적, 즉 예수 그리스도의 십자가를 통하여 인간은 다시 태어나 과거의 지위를 되찾을 뿐만 아니라 그 이상의 지위를 얻을 수 있게 되었다.

천국을 묘사하는 말 중에 왜 성전, 교회 또는 회당에 대한 언급이 없는가? 왜 예배자들이 모이는 장소에 대한 언급이 없는가?

왜냐하면 하나님의 새 도성 전체가 성전이기 때문이다. 하나님 자신이 성전이시다. 근심 걱정 없이 기쁨으로 충만하여 활동적으로 일하는 무리가 있을 것이다. 하나님께서는 아름다운 아치문의 거대한 궁형(弓形)처럼 그들을 둘러싸고 그들 가운데 거하고 그들과 교제하실 것이다. 그곳에서 성도들은 기도할 시간을 마련하기 위해 기다릴 필요가 없다. 거기서는 모든 시간이 기도하는 시간이기 때문이다.

천국에서 우리는 따로 기도의 장소로 이동할 필요가 없다. 그곳 전체가 성전이고, 하나님과 어린양이 그곳의 성전이시기 때문이다. 그곳에서는 밤을 밝히기 위한 인공 불빛이 필요하지 않을 것이다. 왜냐하면 어린양이 그곳의 빛이시기 때문이다.

그러므로 이 책을 다 읽은 당신에게 마지막으로 심각하게 묻는다. 당신은 지금 천성을 향해 달려가고 있는가? 당신은 어린양의 피와 증거의 말씀으로써 죄의 속박을 깨고 그것에서 벗어났는가? 아니면 여전히 죄의 사슬에 묶여 저주 아래 있는 채로 멸망을 향해 달려가고 있는가?

미래를 바라보라! 영원하고 은혜로운 시간이 우리를 기다리고 있다. 믿음으로 하나님의 자녀가 된 우리는 구속받은 자들의 저 위대한 일원이 될 것이고, 저 큰 도성에서 영원한 기업을 얻게 될 것이다. 왜냐하면 우리의 이름이 어린양의 생명책에 기록되어 있기 때문이다.

내 자아를 버려라

초판 1쇄 발행	2008년 1월 2일
초판 21쇄 발행	2024년 2월 7일
지은이	A. W. 토저
옮긴이	이용복
펴낸이	여진구
편집	이영주 박소영 최현수 안수경 김도연 김아진 정아혜
책임디자인	마영애 노지현 조은혜 이하은
홍보 · 외서	진효지
마케팅	김상순 강성민
마케팅지원	최영배 정나영
제작	조영석 허병용
경영지원	김혜경 김경희

303비전성경암송학교 유니게 과정
이슬비전도학교 / 303비전성경암송학교 / 303비전꿈나무장학회

펴낸곳	규장

주소 06770 서울시 서초구 매헌로 16길 20(양재2동) 규장선교센터
전화 02)578-0003   팩스 02)578-7332
이메일 kyujang0691@gmail.com   홈페이지 www.kyujang.com
페이스북 facebook.com/kyujangbook   인스타그램 instagram.com/kyujang_com
카카오스토리 story.kakao.com/kyujangbook
등록일 1978.8.14. 제1-22

ⓒ 한국어 판권은 규장에 있습니다.
이 출판물은 저작권법에 의해 보호를 받는 저작물이므로 무단 전재와 무단 복제를 할 수 없습니다.

책값 뒤표지에 있습니다.
ISBN 978-89-6097-041-0   03230

규 | 장 | 수 | 칙

1. 기도로 기획하고 기도로 제작한다.
2. 오직 그리스도의 성품을 사모하는 독자가 원하고 필요로 하는 책만을 출판한다.
3. 한 활자 한 문장에 온 정성을 쏟는다.
4. 성실과 정확을 생명으로 삼고 일한다.
5. 긍정적이며 적극적인 신앙과 신행일치에의 안내자의 사명을 다한다.
6. 충고와 조언을 항상 감사로 경청한다.
7. 지상목표는 문서선교에 있다.

하나님을 사랑하는 자 곧 그의 뜻대로 부르심을 입은 자들에게는 모든 것이 合力하여 善을 이루느니라(롬 8:28)

규장은 문서를 통해 복음전파와 신앙교육에 주력하는 국제적 출판사들의 협의체인 복음주의출판협회(E.C.P.A:Evangelical Christian Publishers Association)의 출판정신에 동참하는 회원(Associate Member)입니다.